돌봄의
상상력

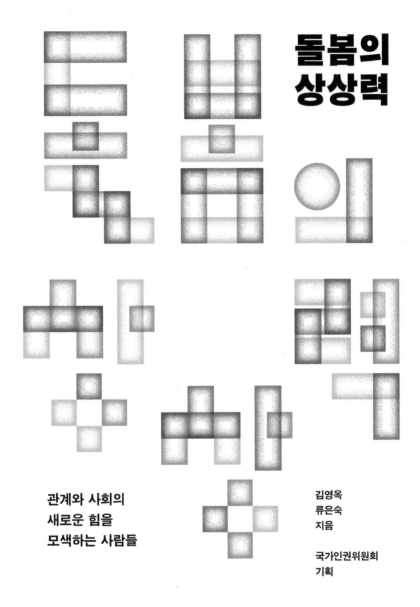

돌봄의
상상력

관계와 사회의
새로운 힘을
모색하는 사람들

김영옥
류은숙
지음

국가인권위원회
기획

코난북스

차례

돌봄과 인권이 삶 위에 포개지도록

'돌봄 얘기는 차고 넘치는데 이상하게 갈증이 난다.'

'돌봄의 이념이나 돌봄을 둘러싼 인권에 관한 논의는 중요하나 당장 내 앞의 돌봄과는 거리감이 느껴진다.'

'법·제도나 정책의 문제를 질타하는 소리는 높으나 잘 모아 들려지지 않는다.'

돌봄과 관련해서 논의하는 자리에서 늘 접한 말이다. 이 책을 쓴 우리의 감각 또한 그랬다. 갈증, 거리감, 분산…. 이 걸 어떻게 채우고 좁히고 붙일 수 있을까?

돌봄 관계에서 예외가 되는 존재는 없고, 상황과 조건이 제아무리 열악해도 일상에서 언제나 실천되는 것이 돌봄이라면, 당사자들에게 물어보는 것이 우선 아닐까? 코로나19 팬데믹, 기후위기 등으로 돌봄에 대한 관심이 어렵게 수면 위로 떠올랐고, 이 관심이 스쳐가는 바람이 되지 않도록 사회정치적 논의와 실천으로 정박시키려는 노력들 또한 있어 왔으니, 이미 하고 있는 그 실천들에서 돌봄의 가능성을 찾아보자.

우리 두 글쓴이는 그렇게 길을 나섰다. 서른두 명 인터뷰이와의 만남을 비롯해 다양한 자리에서 돌봄 관계를 나눠 받았다. 관계의 끈이 꼬리에 꼬리를 물었다. 그렇게 만나서 묻고 답하고 되물었다.

이 과정에서 우리는 노화, 질병, 장애, 죽음 등에서 맺는 상호 의존과 돌봄의 관계가 개별적이고 고유한 이야기인 동시에 서로 다른 몸들이 만나 함께 느끼며 서로를 마주하는 사회적 사건이 됨을 알았다.

우리는 나눠 받은 이 소중한 이야기들을 또 어떻게 세상과 나눌까 고민했다. 개별적인 사연이 아니라 같이 마주하고 같이 모색하는 사건으로 만들고 싶었다. 궁리한 끝에 캐릭터를 만들고 이야기를 재구성하기로 했다. 각 글의 등장인물은 단지 가명을 사용한 것이 아니라 여러 인물을 포개 만든 캐릭터이고 새로운 스토리텔링을 했다. 여기에는 글쓴이들의 모습과 경험 또한 녹아 있다.

이 책은 일관된 논리를 띠는 것이 아니라서 서로 다른 사람인 등장인물 간에 견해 차이가 있기도 하다. 새로운 돌봄을 향한 상상력의 차이이고 우리 사이에 논쟁 거리를 던지는 것으로 읽어주시길 바란다.

공동 저자 중 김영옥이 장애·비장애 자녀 돌봄, 비혼 장애여성의 독박 돌봄, 장애여성운동의 장애·비장애 활동가, 성소수자 서로 돌봄, 호스피스 완화의료, 여성 돌봄 노동자들을 썼고, 류은숙이 배우자들의 서로 돌봄, 남성의 부모 돌봄, 발달장애인 단기거주시설, 마을건강센터의 아동 돌봄, 방문진료, 의료복지 사회적 협동조합, 지역사회 통합돌봄을 썼다.

*

돌봄과 관련되어 있거나 그야말로 두텁고 진하게 돌봄을 경험한 사람들, 돌봄에 관해 몸으로 머리로 고군분투하는 전문가들, 직종과는 별개로 의식하든 의식하지 못하든 돌봄을 실천하고 실험하는 사람들을 만나면서 확인한 사실들이 있다. 돌봄을 중심으로 시민사회를 새롭게 구상하고 꾸리고자 할 때 꼭 필요한 징검다리가 될 이 사실들은 감동, 깨달음, 창발적인 질문 그리고 아이디어로 빛난다.

우선 돌봄으로 공생하고 공진화하는 사회는 시간을 다

른 방식으로 이해하고 감각한다. "눈 뜨고 있는 모든 시간이 노동"*인 사회에서 돌봄은 '도대체 나는 지금 뭐 하고 있나?'라는 질문과 연동되어 있다. 시간을 계량 가능한 생산이나 효율성으로 경험하도록 조직된 사회에서 사람을 살피는 돌봄 실천은 두려움과 불안을 부추긴다. '아니, 이거야말로 가장 중요한 창조야!'라고 말해줄 지지자, 동조자가 늘어날수록 돌봄은 자신 있게 선택할 수 있는 중요한 인간 활동이 된다. 돌봄이 무엇이든 노동이 되어야 하는 부조리의 연쇄 속 틈새여서는 안 된다. 오히려 노동이야말로 돌봄의 생태계 속에 적절하게 자리 잡아야 한다.

돌봄의 또 다른 진실은 구체적인 경험과 맞닿아 있다. 돌봄을 추상적인 윤리 강령으로, 정의로운 주의 주장으로 내세우는 건 돌봄 생태계에 아무런 보탬이 되지 않는다. 언제나 돌봄의 실질적인 요청을 급작스런 '닥침'이나 당혹스런 '호출'로만 만나게 된다면, 시민사회가 헛돌고 있다는 징표다. 시민의 시민 됨, 즉 시민적 덕성을 무엇보다 돌봄의 실천 경험, 돌봄의 역량, 돌봄 자산을 기준으로 이해하는 전환이 필요하다.

---

* "지쳤어요. 어디서부터 어떻게 잘못된 건지 모르겠는데, 그냥 지쳤어요. 모든 관계가 노동이에요. 눈 뜨고 있는 모든 시간이 노동이에요." 2022년 JTBC 드라마 〈나의 해방일지〉 여주인공의 대사.

'돌봐보니까 돌봄이 무섭지 않다.' '돌봐달라고 부탁할 용기도 생겼다.' '돌봄의 겹들이 이해된다.' 경험자들의 말이다. 물론 돌봄의 경험은 실패와 좌절, 더할 나위 없는 기쁨과 보람, 사랑과 증오 등 감당하기 어려운 정동들로 요동친다. 그러나 그 소용돌이가 점차 돌봄의 동심원을 형성하는 것 또한 경험하게 된다. 이것이야말로 돌봄의 실천 속에서만 경험하고 해석할 수 있는 돌봄의 역설 내지는 다면성이다. 돌봄의 사회화나 공공화 또는 시민적 돌봄이나 시민의 자리에서 돌보기 등이 여전히 대부분 사람에게 명료하지 않은 건 돌봄의 물질적 구체성이 그만큼 부족하다는 뜻이다.

돌봄의 서로 다른 현장에서 또한 깨달은 것은, 돌봄이 매우 중요한 정책적 디자인의 문제라는 사실이다. 단지 윤리거나, 단지 착한 시민의 이상이거나, 단지 온기 있는 공동체의 소망이 아니라 지역, 인구 분포, 연령, 세대, 산업 형태, 자연환경 등을 포개놓고 살피고 분석하면서 통합적인 디자인을 해야 '모두의 돌봄'이 가능한 돌봄 생태계를 만들 수 있다.

돌봄 사회는 무수히 많은 연결로 이루어진 생태계다. 이것은 저절로 '자연스럽게' 이루어지지 않는다. 생태계는 교란되고 증진되고 변형된다. 긴 안목과 지속 가능성을 염두에 둔 시간성이 우선 확보되어야 한다. 노동이 아닌 돌봄으로 삶의 자양분을 삼고 시민이라면 누구나 동참해서 논의하고 합의하며 만들어야 한다.

　이러한 연결은 돌봄에 참여하는 사람들 사이에 수평적인 연대를 토대로 해야 함을 잊지 말자. 의사나 간호사 등 의료진이, 요양보호사가, 사회복지사가, 부모가, 배우자가, 자식이, 정규직 교사가, 돌봄 교사가, 장애인 당사자가, 장애인의 부모나 이웃이, 법을 만드는 사람이, 행정직원 등이 이해하는 돌봄은 여전히 다르다. 무엇이 돌봄인가를 두고 더 많은 다양한 이야기들이 나오고 토론장이 마련되어야 모든 시민이 공감하며 동참하는 돌봄 사회가 가능하다.

　'우리' 시민사회가 도달할 수 있는 최적의 돌봄을 향해 너의 돌봄과 나의 돌봄이 만나고 수렴할 수 있어야 돌봄은 비로소 인권적 삶이 된다.

행운의 여신 대신
함께 하는 당신을

장애·비장애 자녀 돌봄

준희

"쌍둥이 중 한 아이의 뇌실이 좀 크네요. 그런데 이 정도 크기면 성인이 될 때까지 모르는 사람도 있긴 합니다."

아내의 임신 중 초음파 검사를 마친 의사가 말했을 때 준희는 그 말이 구체적으로 무슨 의미인지 감이 잡히지 않았다. 기류 상태가 좋지 않으니 안전띠를 매라는 여객기 안내 멘트처럼 들렸다. 막연한 불안 속에서 의사가 덧붙인 '그런데'를 꼭 붙잡았다. 이 밧줄을 잘 잡고 있으면 돼. 괜히 불안이라는 시험에 말리면 안 돼. 아이를 낳는다는 건 다 이렇게 어려운 시험을 통과해야 하는 거야. 지그시 자신을 토닥였다.

"장애아의 부모가 된다는 건 인생 설계를 다시 해야 한다는 뜻입니다."

임신 7개월에 이르도록 크기가 줄어들지 않는 뇌실을 확인하며 의사가 말했다. 의사 말에 더 이상 '그런데'는 없었다. 준희는 자기도 모르게 옆에 앉은 수연의 손을 잡으며, 수연의 옆얼굴을 살폈다. 큰 동요가 느껴지지 않았다. 어쩌면 자기가 그렇듯 장애아의 부모가 될 거라는 말이 수연에게도 낯설게 들리는 건지도 몰랐다.

아내는 첫째 우빈이를 자연분만으로, 둘째 찬빈이를 제왕절개로 낳았다. 수연이 회복실에 있는 동안 의사는 신생아들 건강 상태를 설명해주겠다며 준희를 따로 불렀다. 나중에 수연에게 한마디도 빠뜨리지 말고 제대로 잘 전해야 하니까 하는 심정으로 그는 핸드폰을 꺼내 녹음 버튼을 눌렀다. 임신 중 들은 말들이 있었기에 의사가 이제 어떤 말을 할지 기다리는 준희의 심장은 빠르게 뛰었다. 자기보다 앞서 달려나가는 심장을 붙잡으려는 것처럼, 그는 깍지 낀 손을 앞으로 모으며 배에 힘을 주었다.

"손가락 발가락 다 있고 몸무게는 2.2킬로그램입니다. 건강합니다." 큰애 우빈에 대한 의사의 말은 짧고 간단했다. 그런데 둘째 아이 찬빈에 이르자 의사의 말이 길고 복잡해졌다. 호흡이, 심장 박동이, 눈이…. 의사의 말은 문장을 이루지 못한 채 파편들로 허공을 떠다녔다. 이해하기 어려운, 이해하고 싶지 않은 말들이 이어지면서 준희는 높은 고도에서 균형을 잃은 듯 귓속이 먹먹해졌다. 눈물이 멈추지 않았다.

'아, 진짜구나. 어떡하지, 수연이에게 어떻게 말하지….'

첫째 우빈이는 2주 정도 병원에 있다가 집에 왔다. 찬빈이는 형보다 6주 더 신생아집중치료실에 있은 후에 돌아왔다. 집에 올 때도 산소포화도 측정기와 산소공급기를 단 채였다. 찬빈이를 조심조심 안고 방으로 들어가면서 그는 자기에게인지 아이에게인지 모르게 중얼거렸다. "꼭 장애가 아니어도 이런 경우는 많대. 그냥 형보다 취약해서 그런 거지."

아내 수연은 달랐다. 수연은 아이의 뇌실이 조금 더 크다는 의사 말을 들었던 날부터 그 말이 가리키는 방향을 따라 출산과 초기 양육을 준비했다. 장애아 부모 카페를 드나들었고, 재활치료 신청 등 장애아 양육에 필요한 정보를 찾았다. 그도 아내를 따라 움직였다. 그러나 준희는 여전히 안개 속에서 희미하게 흔들리는 밧줄을 찾았다. "아이가 24개월 안에 앉을 수 있으면 꽤 많이 좋아질 수 있어요." 퇴원할 때 의사가 한 말을 준희는 주문처럼 가슴에 품었다. 몇 번이나 자기 앞에서 흔들리던 밧줄이 안개 속에서 사라져버렸지만, 매번 다시 새로운 밧줄이 내려오는 건 의미심장한 메시지 같았다. 아이에 대한 믿음을 고백하듯이 그는 24개월 내내 온몸으로 아이에게 말했다.

"찬빈아, 너는 일어설 거야. 나는 너를 일으킬 거야."

24개월이 지나도 찬빈이는 앉지 못했다. 찬빈이가 앞으로 무엇을 할 수 있고 무엇을 할 수 없을지, 우빈이와 어떻게 다른 모습으로 커나갈지 준희로선 가늠이 되지 않았다.

찬빈이가 앉지 못하는 걸 확인한 후에도 그는 우빈이와 찬빈이의 차이를 별로 느끼지 못했다. 아이들은 번갈아 아파서 엄마아빠는 놀란 가슴으로 허둥지둥 응급실을 찾아야 했다. 걷지 못하는 찬빈이뿐 아니라 우빈이도 걷다가 다리 아프면 안아달라고 칭얼댔다. 예측 불가한 행동도 찬빈이만의 몫은 아니었다. 이유도 말하지 않은 채 안으로 들어가지 않겠다고 문밖에서 뻗대며 우는 우빈이도 화를 돋우었다.

자식이라고 내 마음대로 되는 게 아니라는 어른들 말을 떠올리며, 자기중심적으로 살아온 지난 40년을 되돌아보게 만드는 건 우빈이 따로, 찬빈이 따로가 아니었다. 준희에게 두 아이는 모두 자신이 얼마나 변칙에 취약한 사람인지 혹독하게 깨우쳐주는 타자들이었다. 예측대로 진행되지 않는 상황이 닥치면 '왜 이렇게 되는데?' 혹은 '왜 이렇게 되지 않는데?' 허둥대며 화를 내는 스스로에게 한숨이 나왔다.

앉아 있기도 어려운 찬빈이를 안아 들어 올릴 때 신기루처럼 얼핏 눈앞에 떠올랐다 사라지는 어떤 장면이 있기는 했

다. 스무 살쯤 되어 보이는 찬빈이가 바닥을 기고 있는 모습
이었다. 순간이었지만 실제로 눈앞에서 본 듯 잔상이 또렷했
다. 품에 안은 찬빈이가 무겁게 느껴졌다. 장애가 찬빈이의
정체성에 가장 핵심적인 고유성이 될까. 장애 말고도 찬빈이
를 찬빈이로 만드는 다른 고유성은 무엇이 있을까. 장애아의
아버지라는 정체성은 내게 어떤 얼굴을 요구할까. 나는 기어
다니는 찬빈이 곁에 어떤 모습으로 있게 될까. 질문은 막막
했고 답은 묘연했다.

　그러나 이런 장면이나 질문은 아직 현실이 아니었다. 아
이들을 키우는 그 하루하루가 점점 더 커지는 즐거움의 날들
이었다는 게 더 맞는 말이다. 준희에겐 그게 현실이었다. 찬
빈이를 품에 안고 목욕시키던 준희는 따스하게 차오르는 부
성을 느끼며 조금 벌어져 있어 늘 침을 흘리곤 하는 아이의
입 가장자리를 정성껏 닦아주었다. 그리고 나지막하게 속삭
였다.

　"찬빈아, 너는 얼마나 클 생각이야? 누워만 지내는 것보
다는 앉아 지내는 게 낫고, 앉아 지내는 것보다는 설 수 있는
게 낫지 않을까. 찬빈아, 어디까지 갈 거니? 아빠랑 엄마랑
우빈이 형이랑 우리 모두 다 같이 가보자."

수연

아내 수연은 준희보다 더 오래 더 집중적으로 우빈이와 찬빈이를 돌봐왔다. 준희가 기억하는 한 수연은 아이들을 돌보면서 화를 내거나 짜증을 낸 적이 없다. 들어가지 않겠다고 문 앞에서 울고 떼쓰는 우빈이를 달래다 못해 도대체 왜 그러는 거냐고 버럭 화를 내며 따져 묻는 준희 옆에서 수연은 딱하다는 표정으로 말했다.

"애가 들어가기 싫다고 하면 조금 기다려주면 되는 거지, 화를 왜 내? 뭘 그렇게 다그쳐 물어? 애 기분이 지금 그런 건데."

수연의 말이 맞다는 걸 안다. 수연은 알고 준희는 모르는 것, 어쩌면 알아도 몸에 배지 않은 것. 수연은 엄마 노릇을 하고 준희 자신은 아빠 노릇을 하는 건데, 그 노릇의 내용이 아니라 태도가 엄마 노릇, 아빠 노릇의 차이를 만든다는 걸 준희는 내내 확인해왔다.

함께 돌본다지만 정보를 수집하고, 그것을 바탕으로 통합적이고 기획이 가능한 지식 체계를 세우고, 그 안에서 시간이나 동선을 결정하는 것 등등 쌍둥이 돌봄의 총괄과 세부 실행을 수연이 리드하고, 준희는 수연의 지시와 안내를 따른다.

찬빈이는 밤 아홉 시에 잠들었다가 새벽 세 시쯤이면 깨서 아아아 소리를 내지른다. 찬빈이 소리에 깨서 찬빈이와 새벽을 맞는 것도 수연이다. 그렇게 하루를 시작해 매일을 아이들 돌봄을 책임진다. 독하게 참고 있는 건지, 견딜 만해서 견디는 건지, 쓰러질 지경인데 버티는 건지 준희로선 알 수 없다. 가끔 물어보지만, 수연은 괜찮다고 한다.

이 여자는 마더 테레사인가, 여자에게는 어머니라는 본성이 있다는 말이 맞는 건가, 그냥 내가 남자로 살아온 습관 때문인가. 감동인지 놀람인지, 미안함인지 부끄러움인지 명확하지 않은 감정 속에서 여러 질문이 일렁였지만, 준희는 쉴 틈 없이 몰아치는 아이들 요구에 적응하느라 더 이상 질문을 붙잡고 있지 못했다. 저러다 쓰러지지 싶어서 준희는 단 며칠이라도 쌍둥이들 없는 곳에 가서 쉬고 오라고 수연을 다그치기도 했다. 그때마다 수연은 도리질이었다.

"하나라면 몰라도 둘을, 당신 혼자서? 하루도 아니고 며칠을? 그건 안 돼."

조금도 머뭇거리지 않고 수연이 하는 말이다. 나를 믿지 못하는 걸까. 왜일까? 준희는 좀 더 진심으로 아내에게 묻지 않았다. 아니, 물을 용기가 없는 건지도 몰랐다.

준희와 수연은 쌍둥이를 낳아 기르면서 이전의 생활 양식을 많이 바꿨다. 예전에는 두 사람 모두 적당히 부지런하고 전반적으로 느슨했다. 집안일이나 빨래도 몰아서 하고 주

말이면 느긋하게 늦잠도 자고, 음식도 시켜 먹는 느리고 게으른 라이프 스타일로 살았다. 아이들이 태어나면서 수연은 놀랄 정도로 다른 사람이 되었다. 우빈이에 이어 찬빈이가 병원에서 집으로 오던 날 수연이 준희에게 말했다. "우리 지난 40년 동안 뭐든 하고 싶은 대로 하면서 살았잖아. 이젠 아이들에 맞춰서 살아보자."

우빈이와 찬빈이를 키우면서 두 사람은 서로 약속했다. 미래의 어떤 시점, '나중에 우리 죽고 나면' 하는 그 시점에 닥칠 걱정을 미리 앞당겨서 하지 말자. 그보다는 오늘 더 많이 웃자. 장애인을 자식으로 둔 부모의 소원이 '자식보다 하루 더 늦게 죽는 것'이라는 말을 여기저기서 들을 때마다 두 사람은 조용히 고개를 흔들었다. 네 식구가 함께 움직이며 뭔가를 하는 게 어려워지는 때가 닥칠 테니 그전에 네 식구가 함께 하는 일에 시간이든 돈이든 조금이라도 더 쓰자. 두 아이를 양육하면서 준희와 수연은 대체로 의견이 일치했지만, 이 원칙에서는 특히 한마음이었다.

준희보다 경력도 더 길고 능력도 더 많았던 수연은 우빈이와 찬빈이를 낳고 경력 단절 정도가 아니라 경력 종료 상태에 놓였다. 시민단체 활동가인 준희보다 전문직인 수연이 훨씬 더 많이 벌었던 터라 수연의 경력 종료는 먹고사는 문제에 지장을 초래했지만, 준희는 준희대로 일하는 시간보다 아이들과 보내는 시간을 늘리려 애썼다. 활동가라서 시간 조절이 가능한 건 정말 다행이었다.

준희는 얼마 전부터 수연을 대신해 찬빈이와 함께 자기 시작했다. 4년 넘도록 찬빈이 잠자리를 지키느라 잠을 제대로 자지 못한 수연의 수면 시간을 이제라도, 조금이라도 지켜주고 싶었다. 새벽 세 시에 깨어나 아침까지 뜻 모를 소리를 내는 찬빈이를 지키다 보면 몸이 고된 것도 고된 거지만 생각이 많아지고 답 없는 질문이 떠오르곤 했다.

'내 남은 인생이 너의 이 뜻 모를 소리와 함께 가겠구나.'

다시 안개가 겹겹이 몰려오며 앞길이 막막해졌다. 그러다 수연이 이런 말 하는 걸 단 한 번도 들은 적이 없다는 데 생각이 미쳤다. 가슴이 쿵 내려앉았다. 그 수많은 밤, 뜻 모를 소리를 지르는 찬빈이와 함께 보내며 수연은 어떤 마음이었을까. 어떤 생각을 했을까. 찬빈이 옆에 수연의 모습이 겹쳐 보이면서 준희는 자기도 모르게 몸을 앞으로 기울였다. 마치 두 사람을 따뜻하게 안으려는 듯이, 두 팔을 벌리며.

우빈이

'나 죽으면 그만이지, 그다음에는 자기 삶이 있는 거지.'

준희는 이기적으로 생각하려 애썼다. 찬빈이의 미래 전체를 끌어안고 괴로워만 하지 말자고, 또 그럴 수도 없다고 수연

과도 얘기를 나눴다. 그러다 비장애 형제자매 자조 모임에서
낸 책들을 읽게 되었다. 장애인의 누나로, 동생으로, 형으로
살면서 겪은 시간을 되새김질하는 글들에서 준희는 우빈의
미래를 보는 것 같았다. 고독, 미움, 원망, 혼란, 노력, 인정, 분
노, 두려움, 죄책감… 그리고 사랑. 그들의 힘겨웠던 성장의
시간을 표현하는 감정들이었다. 준희는 이 감정들 하나하나
가 소용돌이치는 상황을 떠올려보았다.

　　장애인 자녀를 돌보고 지키느라 늘 기진맥진 자신의 한
계치를 넘으며 사는 부모 곁에서 비장애 형제들은 속으로 외
친다. '나도 힘들어, 나도 엄마아빠의 관심이 필요해.' 그러나
그런 자녀에게 부모들은 '너까지 왜 그러냐, 그러면 나는 죽
는다'라고 말하거나, 돌봄이 필요한 자녀들에게 오히려 '나
좀 돌봐달라'고 호소하기도 한다.

　　장애 형제가 우선이어야 한다는 윤리적 당위성은 한국
사회에서 비장애 형제들에게 오로지 비장애 형제로만 살라
고, 다른 정체성을 가질 여지를 주지 않는다. 장애가 있는 사
람을 가족의 돌봄에 떠맡기지 않고, 다양한 제도적, 시민적
장치를 통해 사회와 국가가 함께 돌본다는 건 아직 먼 나라
의 이야기다. 그러니 비장애 형제들은 스스로 엄격한 기준을
세우고 고군분투할 수밖에 없다. 믿을 수 있는 자식이 되어
야 한다고 거듭 다짐한다. 이 다짐은 부모 뒤를 이어 자신이

장애 형제의 미래를 지키는 보호자여야 한다는 다짐으로 이어진다. 그래서 사회복지사나 특수교육 교사 쪽으로 진로를 정하는 경우가 많단다.

준희는 이들의 다짐이 안타까웠다. 팔짱 낀 채 시침 뚝 떼고 모르쇠로 일관하는 사회가 보였다. 우빈이를 생각하니 슬프기도 하고 안타깝기도 했다. 무엇보다 이 사회에 배신감을 느꼈다. '나이 마흔이 되도록 있는 힘껏 싸웠는데 이 사회란 게 아직도 요 모양 요 꼴이라니. 이런 사람들 하나 보듬지 못하다니. 우빈이도 '엄마아빠가 없으면 동생은 내가 케어해야지'라고 생각할 수 있겠구나. 우리라도 우빈이를 지켜야겠다. 가급적 우빈이의 인생 경로에 이런 식으로 영향을 주는 일은 막자.'

이렇게 우빈이를 돌보는 어떤 원칙 하나가 분명해졌다. 실제로 우빈이가 현실을 알아가고 있었다. 동생이 자기나 친구들과 다르다는 걸 느끼기 시작했고, 동생을 데리고 병원 가느라 엄마가 자기는 어린이집에 떨궈놓는다고 생각해 분리불안을 보이기도 했다. '찬빈이 우선'이라는 생각을 우빈이 갖지 않도록 하려면 우빈이와 보내는 시간이 더 많아져야 했다.

이웃

외출하면 찬빈이가 우빈이보다 사람들 눈에 더 잘 띈다. 클수록 더 그렇다. 사람들은 찬빈이를 빤히 쳐다보거나, '애, 왜 이래요?' 묻기도 했다. 처음에는 사람들의 태도에 욱하고 분노가 치솟았지만 준희는 시간이 지나면서 덤덤하게 받아들이게 되었다. 그토록 격하게 분노가 솟구친 건 아이에 대한 사람들의 반응에서 바로 내 모습을 보았기 때문이 아니었을까. 나 자신도 아이의 다른 상태를 계속 부인하면서 '애, 왜 이렇지?'라고 물었던 건 아니었을까. 준희는 과거의 자기를 되짚어보았다. 이건 그가 찬빈이와의 관계에서 자신을 점차 더 솔직하게 만나게 되었다는 뜻이기도 했다. 처음 겪는, 거의 본능적으로 치솟는 분노의 자리에 서서히 다른 느낌과 생각, 질문이 들어서기 시작했다.

다른 건 다른 거지. 늘 보던 것과 다르면 쳐다보게 될 수도 있지. 봐야 차이도 알게 되고, 그 차이가 어떤 불편함과 연동되는지도 깨달을 수 있는 거 아닐까. 보여도 안 보이는 척, 보고도 안 본 척하는 시민적 무관심이 서로를 존중하려 할 때 시민들이 취해야 할 유일한 태도일까. 모욕이나 경멸을 광선처럼 쏘는 시선 말고, 차이를 알아차리고 이해하려는 유순한 시선도 가능하지 않을까. 시민적 관심을 담은 시선이 틔울 공감의 싹과 어울림을 기대해도 좋지 않을까. 물론 '애,

왜 이래요?'라고 다짜고짜 무례하게 묻는 사람에겐 주의를
줘야 한다.

　어쨌든 찬빈이는 뇌병변장애가 있는 몸으로 가능한 한
사람들 사이에서 살아야 한다. 보이고 해석되는 건 피할 수
없는 일이다. 보이고 보는 일상이 찬빈이에게 어떤 형태로,
어느 정도로 가능할지 준희는 전혀 가늠할 수 없다. 다만 찬
빈이도 찬빈이의 형 우빈이도, 부모인 준희와 수연도 다른
사람들, 이웃일지 적일지 모를 다른 주민들이나 시민들과 만
나고 부대끼며 살아야 한다는 사실 하나는 분명했다.

　준희는 그동안 장애인 관련해서 이런저런 책들도 찾아
읽고 영화도 보았다. 활동가로서 장애인의 권리에 대해 잘
안다고 생각했는데, 막상 찬빈이를 키우다 보니 자기가 알고
있는 장애인의 삶은 찬빈이의 삶에서 너무 멀었다. 적절하게
지원 받으며 사회활동을 할 권리, 시설이 아닌 자기만의 방
에서 자기가 원하는 방식으로 원하는 사람과 관계하며 살 권
리는 더 이상의 부가적인 설명이 필요 없을 정도로 준희에게
도 명료했다.

　사회의 통념이 전제하는 생산성을 내진 못하지만 아프
고 뒤틀리고 부서지는 몸으로도 삶을 포기하지 않고 기꺼이,
즐겁게, 다른 시민들과 어울려 사는 것만으로도 장애인들은
사회적으로 기여하고 있다고, 준희도 목소리를 높였다. '생

산성이라는 문제를 자본주의가 아닌 신뢰와 협동, 소통적 관계라는 사회적 힘의 재생산 관점에서 이해해야 한다.' 장애인 인권 책에서 밑줄 그어가며 읽은 문장이었다.

그런데 장애인의 삶을 드러내고 장애인의 권리를 주창하는 언어는 찬빈이에게는 적용하기 어려워 보였다. 현재 들리는 장애인들 목소리는 오히려 준희를 더욱 울컥하게 했다. 다른 시민들과 섞여 사회생활을 하고 싶으니 지원을 늘리라고 휠체어를 타고서든 바닥을 기어서든 이동권 투쟁을 하고, 시설에서 나가겠다고 목소리를 내는 장애인의 이야기는 찬빈이의 모델이 될 수 없었다.

앉는 것도, 말하는 것도, 만지고 느끼는 것도 어려운 찬빈이를 돌보고 키우면서 준희는 전에 알던 장애인권 담론, 돌봄권 논의가 멀게만 느껴졌다. 다 맞는 이야기, 그러나 어딘지 공허한 이야기. 그 담론이나 논의는 최저선을 상정할 수밖에 없는 찬빈이 삶에 와닿기에는 너무 먼 곳에 정박한 구조선이었다.

'그래도 찬빈이와 찬빈이의 가족인 우리는 사람들 사이에서, 사회 속에서 살아야 하는데, 그렇다면 우리는 어디에서 모델을 찾아야 할까. 찬빈이에게 어떤 이웃 시민을 상상할 수 있을까.' 찬빈이와 우빈이를 데리고 공원에 갈 때마다, 어린이집에 우빈이를 맡기고 찬빈이를 서둘러 재활병원으로 데려갈 때마다, 찬빈이가 자기와는 다르다는 걸 알아가는 우빈이를 볼 때마다 준희는 답 없는 질문을 견디곤 한다.

처음으로 남의 손에, 돌봄지원 선생님에게 찬빈이를 맡길 때 수연은 걱정으로 눈물을 쏟았다. 그러나 곧 일주일에 단 하루인데도 이 돌봄 지원은 정말 오아시스임을 실감했다. 숨통이 확 트였다. 돌봄을 나누는 게 얼마나 큰 도움이 되는지 준희도 수연도 확실히 깨달았다.

아이를, 장애가 있는 아이를 온전히 다른 사람 손에 맡기기란 쉽지 않다. 믿음과 신뢰의 토대가 없으면 감행하기 어려운 일이다. 그런데 장애아 보호자들의 네트워크를 통해서 알음알음으로 만나는 활동지원 선생님들이라 이들에겐 어느 정도 '내 편'이라는 믿음이 있다.

특히 중증 장애아의 경우, 보호자들이 서로 주고받는 위로와 격려, 그리고 무엇보다 재활시설이나 제도 등 구체적인 정보는 없어서는 안 될, 그야말로 필수 지지대였다. 성장하면서 어떤 사람들이 구체적으로 찬빈이의 이웃 시민이 될지 모르겠지만, 장애아 보호자 커뮤니티가 매우 중요한 자조 그룹인 건 확실했다. 필요한 참견과 성가신 오지랖 사이에서 무게 추가 왔다 갔다 하는 이 관계는 특히 돌보는 엄마들이 고립이나 무기력증에 빠지지 않도록 서로를 연결하는 작은 사회다. 이 커뮤니티 안에서 주고받는 구체적인 서로 돌봄은 시민사회가 갖춰야 할 돌봄 역량의 토대가 될 수 있으리라고 준희는 믿는다.

'장애아 부모 모임의 99퍼센트가 엄마다.' '아빠들은 달아나거나 소극적 협조자에 머문다.' '자폐아가 있는 가정의 8할은 이혼한다.' '자폐아의 평균 생존은 20년이다.'

전문가나 당사자 활동가 들이 통계를 들먹이며 하는 말, 누구나 다 아는 기본 상식 아니냐는 듯 거리에서 지하철 안에서 카페에서 사람들이 무심히 하는 말, 어디에서든 무례하게 귓속을 파고드는 말. 말 말 말….

준희는 찬빈이를 키우면서, 이런 떠도는 말들이 그야말로 힘을 합해 당사자들의 두려움에 물을 주고 있음을 깨달았다. '그래, 나와 수연이의 미래는 이혼이고, 찬빈이의 인생은 20년에서 끝난다는 거지. 장애가 있는 아이를 키우는 나는 겁에 질려 도망가거나, 화를 못 참고 집을 뛰쳐나가거나, 고통에 짓눌려 정신과 약을 처방 받는 게 당연하다는 거지.'

준희도 모르지 않았다. 이런 떠도는 말들이 비장애 중심으로 구축된 사회가 계속 자기 알리바이로 생산해내는 무책임하고 은밀한 협박이라는 걸. 하지만 이 말이 주장하는 '진짜 그렇다니까'는 검은 휘장처럼 준희에게 불안과 두려움을 던지곤 했다. 이럴 때면 세간을 떠도는 위협적인 말들을 막

아줄 선한 말들, 다른 생각들과 관점들이 절실했다. 장애아 보호자 커뮤니티는 일종의 해독제일 뿐 아니라, 외부의 모진 말들을 막고 대항의 힘을 기르는 피난처였다.

시트콤

최소 1년은 기다려야 한다는 재활병원 낮병동에 찬빈이도 드디어 들어가게 되었다. 준희가 활동가라서 우빈이와 찬빈이 돌봄에 시간을 원하는 만큼 쓸 수 있다는 것 또한 긍정적인 영향을 끼쳤다. 하루 여섯 시간, 물리치료, 작업치료, 심리치료, 도수치료…, 아이마다 빡빡한 스케줄이 있고, 각 시간마다 아이를 치료실에서 치료실로 데리고 다니는 건 보호자 몫이다. 식사나 배변 처리도 보호자가 해야 한다.

그렇게 반드시 보호자가 함께 있어야 하니 부모가 동원할 수 있는 시간이 중요한 변수다. 실제로 맞벌이 부부를 도와 할머니가 보호자인 경우가 적지 않았다. 장애아들은 그냥 애들이랑 다르게 들어 옮기는 일이 많아서 너무나 힘들다고 하소연하시지만, 많은 가정에서 할머니는 아이 돌봄의 가장 안전하고 확실한 거점이다. 집이 먼데 장애인 콜택시가 쉽게 연결되지 않는 가정에선 할아버지가 기사 노릇을 하며 할머니와 손자를 병원에 데려다주고 데려가는 일도 있다.

통상 만날 수 있는 아빠나 엄마뿐 아니라 참견하기 좋아하는 할머니, 20대 초반에 애 낳은 엄마, 외국인 할머니, 아예 아이 돌봄을 통으로 책임지는 돌봄 선생님 등 보호자도 여러 형태다. 각기 다른 종류, 각기 다른 정도의 장애를 가진 아이들, 사정도 형태도 다 다른 보호자들, 이들에게 매일매일 벌어지는 일들. 준희와 수연은 "무슨 시트콤 찍는 것 같지 않아?"라고 웃으며 말한다.

준희와 수연 역시 이 시트콤의 고정 출연자다. 다른 출연자인 할머니들 보시기에 쌍둥이를 키우는 외벌이 부부, 조부모들이 도와줄 형편도 안 되는, 꽤 안쓰러운 캐릭터다. 그래서 옷이며 반찬이며 이것저것 챙겨주고, 위로가 되는 좋은 말도 넉넉히 건넨다.

이 시트콤의 핵심 주인공인 장애아들은 만 3세에서 5세까지다. 뭘 할 줄 아는 것과 할 줄 모르는 것 사이에 아주 미세한 스펙트럼이 있다. 엄마들의 갈급한 마음은 여기에 연민과 공감으로 반응한다. '저 아이는 만 5세인데 아직도 뭔가 하는 걸 본 적이 없네' 하며 같이 속상해하거나, '저 아이는 저거 시켜봐야 소용없을 텐데…' 하고 안타까워하면서도 이것저것 알아보고 자기 아이한테 시키기도 한다.

아이와 보호자 중에는 왕복 서너 시간 걸리는 길을 매일 오가는 이들도 있고, 아예 재활병원 근처로, 지방에서 올라와 사는 이들도 있다. 아이의 경기와 강직이 심해 밥 먹이고 기저귀 가는 일도 엄마 혼자 하기가 어려워 친정 엄마까지 상경해 셋이 방을 구해 살면서 2인 1조로 돌보는 가족도 있다.

"찬빈이의 최대치가 어디일까?"

"최대치를 알고 시키는 건 아니잖아. 사교육이라고 생각해."

최대치를 묻는 준희도, 사교육이라며 흔쾌히 답하는 수연도 '어디까지'를 정하지 않으려 한다. 그저 최선을 다하는 거다. 최선을 다하면서, 아주 미세한 변화라도 나타나면 서로 손을 맞잡고 껑충껑충 뛸 만큼 기뻐한다.

저건 무슨 표정일까, 왜 저런 표정을 짓는 걸까, 힘든 걸까, 그냥 노는 걸까? 매번 세심히 관찰하려 애쓴다. 준희와 수연은 찬빈이의 몸 상태, 찬빈이만의 감각 세계 안으로 들어가 이해하고 소통하려고 노력한다. 찬빈이의 속도에 따르고, 찬빈이가 편하게 느끼는 걸 찾아내고, 찬빈이가 보여주는 표정이나 몸의 반응을 찬빈이의 고유성으로 발견해낼 수 있길 갈망한다. 찬빈이의 몸은 어쩌면 계속 미스터리로 머물지도 모르겠다. 하지만 준희와 수연은 이 미스터리와 통할 비밀의 무언가가 있으리라 믿는다.

찬빈이와 몸과 인지 상태가 비슷한 딸을 키운 윤리철학자의 글을 읽은 적이 있다. 그의 딸은 엄마의 품에 기댈 때,

좋아하는 음악을 들을 때 기쁨과 평화로 충만한 표정을 짓는다고 한다. 얼굴 전체가 하나의 부드러운 미소이고 리듬이며, 자기만의 고유성으로 빛나는 이 얼굴은 다른 사람에게 소중한 선물이라고 했다.

'찬빈이도 자기만의 고유성을 드러낼 것이다. 우리도 찬빈이의 고유성을 만날 수 있을 거다. 찬빈이도 존재 자체로 사람들에게 인정받고 사랑받으며 살 수 있을 거다.'

이른 새벽에 깨 역시나 소리를 지르는 찬빈이 곁에서 준희는 이런 생각을 한다.

에필로그

혹시나 해서 찬빈이를 언어치료사에게 데려간 적이 있다. 그때 언어치료사가 분명하게 말했다. "다른 기능들이 너무나 작동하지 않아서 언어치료를 시도한다는 게 무의미합니다." 언어치료사의 말을 듣고 온 날 밤, 준희는 술을 마시며 수연에게 말했다.

"애가 만약 딱 한 마디만 말할 수 있다면, 나는 그게 '아니요'면 좋겠어. 거부할 수 있는 말, 그 한마디를 할 수 있으면 좋겠어."

찬빈이를 돌보는 행운의 여신이 있는 게 틀림없다. 찬빈이는 경쟁률이 너무 높아서 들어가기 정말 어렵다는 특수학

교에 입학했다. 장애아를 키우는 부모에겐 이곳에 들어가는
게 소원이라는데. 준희와 수연은 기쁜 나머지 찬빈이를 안고
춤이라고 추고 싶은 심정이었다. 다 잘될 거야, 찬빈아. 부모
는 아이의 뺨에 입맞춤하며 속삭였다.

  '자신의 목과 어깨를 내밀어 누군가의 호흡을 편하게 만
들어주며 세계를 버티는 비장애 형제들과 동시대를 살아가
는 시민인 것이 나는 조금 벅차다'고 어떤 장애인이 말했다.
우리가 당신의 아이를 어떻게 얼마큼 돌봐주면 좋겠냐고 누
군가 묻는다면, 당신이 장애인의 가족 안에 생생하게 자리
잡은 고통스러운 진실을 같이 느끼는 시민이면 좋겠다고 준
희는 답할 것 같다.* 그러면 찬빈이도, 찬빈이 형 우빈이도, 다
잘될 것 같다. 변덕스러울 수도 있는 행운의 여신이 아니라,
고통에 공감하는 당신, 시민들이 이웃이 되어 세우는 견고
한 돌봄의 망들이 우리 애들한테는 믿고 가는 삶의 길일 테
니까.

---

* 『'나는' 괜찮지 않아도 괜찮아』(비장애형제 자조모임 '나는' 지음, 한울림스페셜, 2021)에
  쓴 김원영의 추천사 참조.

돌봄을 협상의 자리로

배우자들의 서로 돌봄

남편들

"속 터져서 못 살겠어." 사내의 표정은 못마땅하다 못해 똥 씹은 듯하다.

"많이 안 좋아?" 옆 사내가 묻는다. 못마땅해한 사내가 말 대신 도리질로 답한다.

"자네가 고생이 많겠어." 또 다른 사내가 거들자 그제야 말을 잇는다.

"딸내미들이 조석으로 드나들긴 하지만 하루이틀도 아니고…. 밥도 제대로 못 얻어먹고, 요즘 내가 사람 대접을 못 받네."

낡은 건물, 속 터지게 느린 엘리베이터에서 낯선 이, 그것도 성별이 다른 이들과 머무는 시간은 길기만 하다. 정연의 존재를 아랑곳하지 않고 그들은 떠들어댄다. 정연은 단박에 이 공기를 파악한다. 못마땅한 사내의 표정과 목소리는 걱정과는 아주 결이 다르다.

그렇다. 짜증이다. 그들 간의 대화로 파악한바, 70대 정도로 보이는 사내의 아내는 아프다. 딸들이 병원과 집을 오가며 엄마를 간병하고 살림을 살핀다. 24시간 수족 같던 아내가 없으니 사내는 불편하기 그지없다. 정연은 그 사내의 아내나 딸이 된 양 가슴이 답답하다. 아내의 병환 걱정은 없고 자기 신세타령이 가득한 남편, 딸들의 곱절이 된 노동을 당연시하는 아버지, 나의 아버지….

정연이 바리바리 싼 짐에는 밥과 반찬이 가득하다. 치매*가 시작된 어머니는 더 이상 살림을 할 수가 없다. 혼자 냉장고도 못 여는 형편이다. 그런데도 집에 반찬 많으니 가져다 먹으라는 평소 하던 소리를 빼먹지 않는다. '엄마, 그 반찬 다 내가 해 온 거야.' 정연은 허탈한 속말을 하며 냉장고를 점검

---

*   '치매'는 어리석음을 강조하는 인권침해적인 용어라서 인지장애증으로 대체하자는 분위기가 대세다. 그러나 일반인들의 일상 대화에서는 치매가 주로 사용되기에 이 책에서는 인지장애증과 치매를 함께 사용한다.

한다. 요즘엔 아버지가 반찬을 꺼내기만 하면 되게끔 도시락 찬통을 쓴다. 반찬통을 여러 개 썼더니 그걸 꺼내 덜어 먹는 것조차 하지 못하는 아버지 때문에 하나만 꺼내면 여러 칸의 반찬을 동시에 먹을 수 있게 도시락형으로 바꾼 것이다.

소분해 온 밥은 냉동실에 넣어둔다. 데우기만 하면 바로 지은 듯한 밥을 먹게 하기 위함이다. 아버지에게 전자레인지 사용법을 익히게 하는 것만으로도 진이 빠졌다. 반찬은 거의 손댄 흔적이 없어 화를 낸 적도 여러 번이다. 엄마에게 맨밥만 먹인 거냐고 추궁하면 반찬도 같이 먹였다고 뻔한 거짓말을 한다. 아버지 자신이야 밖에 나가 사 먹는 걸 좋아하는 사람이고 병든 배우자를 제때 먹이는 건 시늉만 한다.

같이 사는 배우자가 돌보지 않으면 정연과 동생들의 돌봄은 밑 빠진 독에 물 붓기다. 자매들이 분담해도 아버지가 제 몫을 하지 않으면 지탱할 수 없는 삶이다. 그래서 자주 정색하며 아버지에게 경고한다.

"지금 이 상태를 유지하지 못하면 우린 원치 않아도 엄마를 어디론가 보낼 수밖에 없어. 그럼 우리는 엄마만 돌보지 아빠를 돌아볼 여유가 없어. 그렇게 돼도 좋아?"

아빠는 절대 그런 일이 있어서는 안 된다고 고개를 젓는다. 다시 한 번 믿어볼 수밖에. 정연은 빈 그릇을 한 무더기 챙겨 나온다.

가족 돌봄이란 게 뭘까? 말이 가족이지 집안의 여자가 맡아야 하는 거 아닌가? 엄마 아니면 딸, 그게 아니면 구시대적이게도 며느리까지? 시대가 변하고 있고 반박할 사람도 사례도 많을 줄 안다. 인지장애증이 있는 아내를 눈물겹게 돌보는 늙은 남편, 제 가족을 제쳐놓고 부모를 봉양하는 아들, "오늘은 매울지도 몰라"라며 시한부 아내에게 정성껏 요리해 먹이는 남편이 등장하는 드라마 같은 이야기도 많다.

문제는 전형성이다. 말 뜻 그대로 무엇이 가장 일반적이고 본질적인 것으로 특성화돼 사람들 뇌리에 박혀 있고 계속 실행되는가다. 정연은 배우자 돌봄의 전형화된 서사를 들을 때마다 소름이 돋는다. '남편이 아프면 부인은 당연히 남편을 돌보지만 부인이 아프면 남편은 부인을 버린다'는 서사다. '버린다'는 돌보지 않고 방임하는 것부터 실제로 이혼을 요구하는 것까지 다양한 양태로 나타난다.

정연이 옆지기라 부르는 남편은 엘리베이터에서 만난 남자들이나 정연의 아버지와는 분명 다른 종류의 사람이다. 살뜰하게 돌보기로 평판 좋은 사람이다. 그러나 배우자니까 돌보는 게 당연한데 정연에게 '당신 참 운 좋다'고 하는 주변의 표현이 정연은 못마땅하다. 지인들이 그렇게 약간은 가시 돋힌 부러움을 표시할 때마다 정연은 그간의 투쟁일지라도 제출하고 싶은 심정이다. '이렇게 되기까지 내가 얼마나 애를 썼는데….' 지금도 진행중이다. 둘 사이의 돌봄을 둘러싼 협상 사안은 끝없이 생긴다. 결렬, 재논의, 임시 합의, 불성실하고 시늉뿐인 수행과 그에 따르는 실망, 파국까지 갔다가 다시 원점으로 돌아오는 협상. 이 사이를 수도 없이 오간다. 남편이 '나쁜 사내'여서 벌어지는 일은 결코 아니다.

남편에 대한 좋은 평판에는 근거가 있다. 가사노동을 당연하게 공유하고, 정연의 일을 존중한다. 사회정치적 가치관도 배울 만하다.

'어쩜 저렇게 세심하게 배려하지?' 그는 정연이 놀랄 일을 자주 만든다. 추운 날 주차할 자리가 없어 아파트 입구 멀리에 차를 놓고 오면, 다음 날 정연이 출근할 때 편하라고 정연보다 일찍 나가면서 빈 자리에 정연의 차를 옮겨놓고 가는 사람이다. 공들여 만든 국이 상하기 전에 미리 끓여놓는 것도, 정연이 뭐라 말하기 전에 양가 부모님을 알아서 챙기는 것도 그다.

자기는 살뜰한 돌봄을 받고 자라서 그렇다고 남편은 말하곤 한다. 반면 정연은 책임질 일만 많았지 돌봄을 받아본 기억이 거의 없다. 맹장 수술, 팔 수술을 할 때도 혼자서 병원 가고 혼자서 퇴원했다. 폐 끼치지 말고 걱정 끼치지 말고 혼자서 조용히 알아서 해내자는 주의다.

정연은 단지 성격의 차이가 아니라 둘이 길러진 방식, 같은 행위에 대해서 평가받아온 방식이 달라서라고 생각한다. 남편은 그 살뜰한 배려에 칭송과 좋은 평판을 받는 게 당연했겠지만 정연은 당연히 해야 할 일을 할 뿐이라는 평가를 받으며 살아왔다.

오랜 세월 비혼주의자였던 정연은 성혼서약서가 낯설었다. '기쁠 때나 슬플 때나, 건강할 때나 병들 때나, 죽음이 갈라놓을 때까지….' 그렇게 누군가를 사랑하겠다는 말이 뭘까? 어느 인류학자는 '나의 꾸밈없는 본모습이 드러나는 질병, 이런 안 좋은 상황에서도 나를 사랑한다면 그는 나의 진짜 모습을 사랑한다는 뜻'이라고 결혼서약서를 해석했다고 한다. "끝까지 서로 돌보자는 말이지." 남편은 그렇게 해석했다. "부모자식 간에는 저런 서약서를 안 쓰는데 부부 사이에는 쓴다는 건 배신 때문일 거야. 계약 불이행이 너무 많으니까 그런 걸 거야." 냉소하던 정연이었다.

그런 두 사람이 만나 결혼했고 어느새 노후 돌봄을 걱정하는 나이가 됐다. 어떻게 할까, 어떻게 될까. 그는 끝까지 가족이 자신을 돌봤으면 좋겠다고 했다. 정연은 남편이 돈 많이 벌어서 그럴 때가 오면 비싼 요양원에 보내달라고 했다. 그러자 남편은 진저리치며 아주 서운해했다.

"우리는 그냥 아주 다르구나."

모조리 휩쓸고 간 돌봄

사고실험에 그치면 좋았을 텐데 실제 상황이 벌어졌다. 남편이 사고를 당했다. 일하다가 떨어져 크게 다쳤고, 119를 불러서 병원에 왔단다. 그런데 이런저런 검사 다 받고 필수 조치가 끝난 다음에야 정연에게 연락했다. 화를 내는 정연과 달리 그는 오히려 태연했다.

"괜히 놀라서 운전하다가 사고 날까 봐, 당신이 서둘러 온다고 여기서 할 수 있는 일이 있는 것도 아니고…."

'그래, 이런 게 당신 스타일이지.' 정연은 그냥 넘어갈 수밖에 없었다.

남편의 배려에는 곧 시련이 닥쳤다. 간병인을 쓸 형편은 못 되는데 간호간병통합병실에는 자리가 없었다. 게다가 코로나19 때문에 보호자는 한 명만 상주할 수 있다고 했다. 다른 가족과 교대하는 것도, 외출하는 것도 힘든 상황이다 보니 배우자이자 보호자인 정연은 병실에 남편과 함께 갇히다시피 지낼 수밖에 없었다.

남성 병실에 있으려니 정연은 너무 힘들었다. 남자들만 있는 6인실, 보호자 침상 생활로 평소 있던 디스크와 변비, 수면장애가 더 심해졌다. 이러다 남편보다 정연이 더 골골하게 될 지경이었다. 1인실, 2인실은 돈 때문에 엄두가 안 나고 어떻게든 통합병실의 자리를 알아보려 간호사를 재촉했다.

남편 입장은 전혀 달랐나 보다. 간호사에게 통합병실을 채근하다 돌아온 정연에게 남편은 그냥 지금처럼 계속 돌봐 주면 안 되느냐고 했다. 정연은 일단 속 시끄러운 소리를 지그시 누르며 물었다. 왜 그렇게 생각하느냐고. 그런데 남편의 말이 뜻밖이었다.

"내 정신이 멀쩡한데 똥오줌 수발을 다른 사람한테는 도저히 맡길 자신이 없어."

정연은 아차 싶었다. 입원한 지 꽤 됐는데 왜 몰랐지? 밀린 일 때문에 잠시 외출한 정연 대신 간호사가 봐주거나 아들이 와 있거나 할 때, 남편은 전혀 배변을 하지 못했다. 아무리 급해도 정연이 올 때까지 참고 또 참았다. 남편이 대소변을 혼자 해결할 수 있게 될 때까지 둘이 계속 붙어 있어야 하나? 아니, 아무리 그래도 그렇지.

둘이 벌어도 빠듯하던 경제 상황은 아슬아슬하기만 하다. 남편에게나 정연에게나 법적으로 보장되는 돌봄휴가도 없고 아프거나 다치면 받을 수 있는 상병수당 제도가 있는 것도 아니다. 현금으로 지원되는 돌봄기본소득도 우리가 속한 사회에는 없다.

이런 조건에서 전적인 돌봄을 하다 보면 정연의 불안정한 일거리는 더 불안해진다. 교대를 할 수 없어 몸도 힘든데, 간병하느라 지금 활동을 못 하고 있는데, 이 시간이 길어지면 일거리 자체가 끊길 위험마저 있다. 당장 둘 중 한 사람은 벌어야 하니 그렇게 일이 끊기면?

정연은 기혼 여성에다 나이도 상대적으로 많다. 남편에 비해 노동시장에서 더 불리하다는 말이다. 직접 들어가는 의료비 등도 무섭지만 이 사회에서 가장 비싼 자원 중 하나인 시간비용이 한이 없다.

돈벌이도 돈벌이지만 독박 돌봄도 더 이상 버틸 수가 없다. 누군가의 안정적인 도움이 필요하다. 상황을 알고도 남을 사람인데도 남편의 태도에는 변함이 없다.

"우리가 간병인이나 요양보호사 현실을 몰라? 그 사람이 나를 인간적으로 대해줄 수 있는 환경이 아닌 걸 아는데, 그 사람도 나 때문에 힘들겠지만 나도 그 사람을 미워하게 될 거 아니야? 혁명이 나기 전에는 싫어."

'그럼 어쩌라고. 당신 몸만이 아니라 양가 부모님 요양도 남의 손을 빌려야 하는 거고. 내 또래 여성들이나 더 연로한 여성들이 주로 하는 일인데, 못 믿겠다고 하면 대수야?'

환자와 대놓고 싸우지 못하는 정연은 속으로 할 말을 씹어 삼킨다.

평소에는 참 배울 만하다고 생각했는데, 남편의 사회정치적 가치관은 돌봄 앞에서는 멈춘 것 같다. 돌봄 노동의 환경을 지적하는 남편 말에 일리가 없는 건 아니다. 그런데 그렇다면 배우자나 가족 간의 돌봄만 믿을 수 있다는 말이다.

'이러다 내가 더 못 견디고 당신에게 못되게 굴게 되면 어떡하지. 그러지 않을 자신이 있나? 괜찮은 배우자를 둔 우리 둘의 운은 여기까지인가.'

둘 사이의 동맹은 흔들리기 시작한다.

'어쨌든 이번에 남편은 그럭저럭 회복될 것이다. 하지만 우리 노후엔 언제든지 비슷하거나 더 나쁜 상황이 벌어질 텐데 어떻게 준비해야 하지?'

잠든 척하지만 남편도 비슷한 생각을 하고 있으리라.

'내가 저 사람 덜 고생시키려면 뭘 준비해야 하지?'

'당신, 나중에 나 같은 상황이 되면, 예전에 말했던 대로 그냥 비싼 요양원 가고 싶어? 내가 돌봐주면 안 되는 거야?'

누가 누구에게 말하는 것인지 주어와 대상이 불분명한 대화들이 은연중에 오갔다.

끝없이 새로운, 돌봄

남편을 씻기는데 정연을 배려하겠다는 티가 나는 행동이 오히려 거슬렸다.

"좀 가만히 좀 있으라구. 내가 뭐라고 말할 때까지 그냥 좀 있어."

남편은 기껏 생각해서 한 행동이 무안해서 어색해졌다.

열전이 아닌 냉전으로 하루가 간다. 어색하고 미안해서 속으로만 묻는다.

'오늘 나 때문에 상처받았어? 뭐 섭섭한 거 없었어?'

남편의 대답이 들리는 것 같다.

'솔직히 아까 당신이 그렇게 해서 너무 힘들었어.'

'그렇겠구나. 난 당신이 눈치 보거나 미안해하지 말고 필요한 것을 숨기지 말고 얘기해주는 게 더 편해. 알아서 해주겠지, 그렇게 있지 말고 물어봐달라고. 아주 사소한 것들까지 그냥 차라리 뭘 해달라고 해.'

'행여나. 또 쏘아붙일 거면서.'

정연의 상상 속 문답으로는 냉전이 깨지지 않는다.

"당신, 자?"

"아니. 잠이 잘 안 오네."

"아까, 당신 목욕시킬 때 내가 짜증 냈잖아. 목욕하니까 돌아가신 할머니 생각이 난다."

"당신 할머니? 말년에 치매로 고생하셨다던."

"맞아. 할머니는 작은아버지네랑 사셨는데 그 작은아버지가 자기 손으로 돌보지는 않으면서 간병인에게 못 맡긴다, 요양원도 못 보낸다, 그런 고집을 부리는 소위 효자여서 작은엄마가 돌봄을 떠맡으셨지. 엄청 힘드셨을 거야. 작은엄마가 할머니의 다른 건 다 참아도 안 씻어서 냄새나는 건 못 참

으셨거든. 그런데 할머니가 목욕을 완강히 거부하는 거야. 작은 엄마가 나한테 SOS를 쳤어. 제발 도와달라고. 가서 내가 '할머니 씻자' 그러니까 순순히 옷을 벗으시는 거야. 또 여기저기 본인 손으로 문질러 때도 벗기시고.

왜 그럴까 생각해봤어. 인지저하 상태라도 여러 감각이 살아 있고 특히 수치심이란 감각이 살아 계셨던 거야. 할머니에게 작은엄마는 별 기억이 없는 낯선 사람이라 그 사람 앞에서 몸을 보이는 게 싫었던 거지. 나는 그래도 손녀라고 할머니에게 친숙한 존재니까 내 앞에선 옷을 벗을 용기가 나셨던 거야."

이왕 내친 김에 얘기에 꼬리를 물기로 한다.

"자기야, 당신 어머니 무릎 수술했을 때 기억나?"

"기억나지. 엄마가 워낙 짜증을 많이 내니까 원래 성격이 저러신다고 우리가 넘겼잖아."

"근데 지금 와 생각해보니 그건 당신 어머니 성격이 아니라 상황이었던 것 같아. 자기 몸을 자기 뜻대로 못 쓰지, 통증은 심하지, 그러니까 그러셨을 것 같아. 나름 우리 눈치도 많이 보셨을 텐데 말이야."

"그랬겠네. 내가 이렇게 허리 다쳐서 누워보니 그렇네. 하는 말마다 들리는 말마다 다 가시 돋친 것 같고. 당신처럼 젤 가까운 사람이 젤 불편하게 느껴지고…."

"아버님도 그랬잖아. 갑자기 음식도 못 드시고 살이 쫙쫙 빠지고 잘 걷지도 못하시고 그러니까 근처 사는 형제들이 병원 모시고 가서 CT만 계속 찍어댔잖아."

"그랬지. 그때 당신 눈썰미가 참 좋아서 다행이었어."

정연이 그때 알아챈 것은 시아버지의 우울증이었다. 평생하던 철물점을 접으셨다. 어느 때부턴가 장사로는 의미가 없고 동네 복덕방처럼 이웃들이 소일하는 사랑방 같은 곳이 되었다. 그래도 그게 낙이었는데 건물이 철거되면서 아예 접고 말았다. 그 무렵부터 무섭게 침울해지고 걸음걸이도 달라졌는데, 가족 중 누구도 정신과에 모시고 가는 걸 생각하지도 못했고 받아들이지도 못했다. 정연은 주변의 돌봄하는 여성 지인들로부터 그런 증세를 많이 보고 들었기에 시아버지의 우울증을 알아차렸다.

정연이 진지하게 설명하자 남편은 어렵게 납득했다. 문제는 당사자가 절대 자기 병을 받아들이지 않을 것 같다는 거였다. 정연과 남편은 진지하게 궁리한 끝에 결론을 냈다. '환경을 싹 바꿔드리자.' 철물점이 없는 동네는 상실의 상처를 들쑤셨다. 이리로 오시겠느냐 어디로 가시겠느냐 부모님께 선택권을 드렸다. 부모님은 시누이네 근처로 이사를 결정하셨다. 새로 이사 가는 집에 부모님이 신혼살림 차린다고 생각하고 살림살이를 싹 새로 넣어드렸다.

그러나 꼬인 실타래는 복잡했다. 시아버지는 혼자서 신발도 잘 못 신고 걷기도 힘들어했는데 시어머니는 그런 시아버지를 타박했다. 시어머니는 당신이 아플 때 시아버지가 짜증만 내고 돌봐주지 않던 상황이 겹쳤고, 그런 마음을 알 길 없는 시아버지도 울컥 화를 냈다. 이번에도 정연이 나서야 했다. 돌봄을 해본 주변 사람들이 쉽게 신고 벗을 수 있는 신발이 있다는 걸 알려줬기에 새로 신을 사다 드렸다. 혼자 집을 나서기 편해지자 시아버지는 집 근처 도서관을 찾으며 활력을 찾았고, 시부모님 두 분 사이도 그제야 한층 좋아졌다.

　　"우리도 그렇게 되겠지?"

　　"그렇겠지. 혹시 당신이 먼저 아프게 되면, 미안해하느라 주는 대로 먹지 말고, 해주는 대로 따르지 말고, 고집부려줘. 난 당신이 당신답지 않아지면 슬플 것 같아."

　　"아이고. 짜증 내지 않고 받아줄 거야?"

　　"당연하지."

　　"난 못 믿겠다. 내가 늘 말했듯이 내가 그렇게 되면 나 그냥 비싼 요양원 보내줘. 그러니까 돈 많이 벌어둬."

　　"또 그 소리. 난 당신이 치매 걸리면 내가 돌봤으면 좋겠고, 내가 걸려도 당신이 돌봐주면 좋겠어."

　　"아이고. 당신은 이렇게 겪고도 여전히 그 낭만을 못 벗어나는구나. 당신이 가족 돌봄에 대한 낭만적 환상을 깨야 다른 대안이 생긴다구. 공적 제도로 대안이 열린다고 우리 사이 돌봄의 약속이 깨지는 게 아니라구."

천신만고 끝에 남편이 퇴원하고, 집에 돌아온 남편이 제 발로 화장실을 드나들게 되자 세상이 달라 보였다. 간만에 아들도 집에 들렀다.

"너, 내가 해놓은 설거지를 왜 다시 해? 엄마가 한 게 더러워? 그런 거야?"

"아이, 엄마. 화내지 마. 내가 해도 고춧가루 같은 게 남아 있으면 다시 해. 엄마가 노안이 와서 잘 안 보여서 그랬을까 봐 내가 손보는 거야. 노안 온 게 뭐 잘못이야?"

날선 정연과 달리 아들은 웃고 있다. 무안해진다.

"고춧가루? 그래. 이왕 하는 김에 깨끗이 해."

"알았어요. 마더. 저기 여왕처럼 앉아 계세요."

협상해야 할 상대는 배우자만이 아니다. 나 자신의 노화와도 협상해야 한다. 얼마 전 독립해 나간 아들의 방을 가본 적이 있다. 아들 방은 정연이 평소 사줬던 물건들과는 전혀 다른 것들로 채워져 있었다. 모든 사물이 아들의 성격을 소리쳐 말하고 있었다. 정연은 생각했다.

'내가 널 돌봤다고 생각했는데, 돌봄 받느라고 너 정말 힘들었겠구나.'

아들이 뭐라 하면 '나중에 돈 벌어서 네가 독립했을 때 그렇게 해. 지금은 엄마 말 들어' 하면서 아들이 시도하려던 협상을 늘 떼쓴다고 해석했던 게 미안했다.

아들의 뒷모습을 보며 정연은 상상했다. 정연이 늙어 배변하고 깨끗이 뒤처리를 하지 못할 때, 혼자 힘으로 속옷을 내리지도 못하고 머리를 감을 수 없게 될 때, 아들은 내 몸을 닦아줄 수 있을까? 지금 노안으로 망친 설거지 뒤처리를 해주듯이?

파킨슨병과 인지장애증으로 도움을 호소하는 엄마의 몸을 보는 게 너무 두려웠다고 뒤늦게 후회하는 어느 아들의 고백을 읽은 적이 있다. 그가 평생 알아온 여자의 몸은 지나치게 성애화되어 있었기에 돌봄을 필요로 하는 엄마의 몸을 보는 게 두려웠다고 했다.

정연의 동료 또한 노모를 모시는데 병원에 동행하고 특식 만들어드리고 별별 돌봄을 다 하지만 목욕만은 누나들이 들르는 날 맡긴다고 했다. '내가 정신이 있는데 몸을 가눌 수 없는 형편이면 아들에게 목욕을 맡길 수 있을까?' 노화뿐 아니라 돌봄 대상자의 성차, 협상해야 할 문제가 또 있구나.

남편이 퇴원하고서야 오랜만에 엄마 집에 들른다. 아빠가 자리를 비운 사이 정연은 은근히 물어본다.

"엄마, 요즘 아빠가 잘해줘?"

"그럼. 자식들이 아무리 잘해도 남편만 할려구."

정연의 허를 치르는 답이다.

"알았어. 엄마, 아빠가 평생 엄마 덕에 살았으니까 아빠 실컷 부려먹어. 알았지?"

"넌, 별소리를 다 한다. 우린 알아서 잘 사니까 너나 속 끓이지 마."

집 앞 가게에 갔던 아버지가 돌아왔다. 정연이 밥을 차린다. 아버지가 벌떡 일어나 물 한 컵을 떠서 엄마 앞에 놓는다. 정연이 새로 가져온 찬통을 열었더니 또 일어나서 가위를 가져온다. 엄마가 좋아하는 미역줄기볶음을 잘게 자른다. 낯선 모습이다. 그간 징했던 협상의 의제들이 조금씩 실현되는 것인가.

"아이고, 이렇게 매일 잘 먹어도 되는지 모르겠다."

다른 사람이 자신을 위해 차려준 밥상 앞에서 엄마는 즐거워 보인다. 처음엔 엄마가 아픈 게 너무 속상했다. 왜 하필 엄마? 그런데 요즘은 엄마가 먼저 아픈 게 다행이란 생각이 든다. 아빠가 먼저 아팠다면 당연지사 엄마가 돌봤을 거고 정연이나 자매들은 지금만큼 잘 들여다보지 않았을 것이다. 돌보는 엄마를 당연시했을 테니 말이다.

엄마가 아빠의 돌봄을 받는 상황이 낯설고 못미더우니 엄마 말대로 속 끓이며 종종거린다. 엄마는 아빠와의 협상에서 평생 불리했는데 이제라도 좋은 협상의 자리를 차지했으면 좋겠다. '노혼(老昏)'이라 불리는 인지장애증 덕분에 엄마는 주변이 자기 밥을 챙기고 기분을 살피는 데 푹 빠져 있는 것 같다. 앞으로도 정연을 둘러싼 숱한 다자간 협상은 계속될 것이다.

돌봄을 협상의 자리로

돌봄은 새롭지 않지만 매일의 뉴스다. 아침 돌봄뉴스입니다. 정오의 돌봄뉴스입니다. 저녁의 돌봄뉴스입니다. 이렇게 앵커를 바꿔가며 뉴스를 전해준다 해도 얘깃거리가 끊이지 않을 것 같다. 돌봄은 표준화되기 어려운 아주 개인적인 관계에서 벌어진다. 또 그 관계는 고정된 게 아니다. 평등하기보단 출렁거리며 비대칭적으로 기울어져 있다. 정연처럼 돌봄의 탈젠더화, 탈가족화를 부르짖는 사람이 남편처럼 가족을 우선 의존하는 사람과 배우자 관계에서 돌봄을 협상하듯, 협상의 자리에는 각양각색의 사람이 등장한다. 부모님 돌봄에는 일반적인 '효'의 감각과는 다른, 평생 고만고만하고 간당간당하고 쓰라렸던 삶에 대한 두 사람의 연민이 있다. 그래서 양가 부모님 앞에서는 별 협상 없는 동맹이 가능했다.

또 돌봄은 자기 자신의 숱한 정체성 간의 협상이기도 하다. 정연과 남편 두 사람 다 심야나 새벽 배송을 질색한다. 싼값에 그 시간대의 배달노동을 당연시하는 세태에 맞선다는 점에서는 동맹이다. 하지만 전격적인 돌봄이 시작되면서 장 보는 것 자체가 사치가 된 때가 있었다. 생필품이 아쉽고 정신이 없어 뭔가 빠뜨렸을 때마다 둘의 삶에는 새벽 배송이 끼어들었다.

동맹과 협상의 자리는 자주 변동됐고 전선은 다시 그어지곤 했다. 여성, 아내, 엄마, 딸, 임금 노동과 돌봄 노동을 모두 하는 이중의 노동자, 소비자, 시민의 정체성이 정연 같은 한 사람에게서 나타나며 노화, 질병 등으로 돌봄자였다가 돌봄 의존자였다가 자리를 갈아탄다. 남편도 마찬가지로 자기의 정체성들과 협상 중일 것이다. 그런 두 사람의 협상 테이블은 고정된 게 아니라 출렁거린다.

"자기야. 우리의 협상은 끝이 없겠지?"

"그렇겠지. 때로는 살살, 때로는 야무지게 서로를 후벼파겠지. 꼬리에 꼬리를 무는 관계들을 소환하며 끝없이 잘 따져봅시다."

돌봄 자체에는 이미 의존할 수밖에 없다는 취약성이 내장되어 있다. 평등하지 않은 기울어진 관계에서 만난다. 그럼에도 상호성을 인식하고 협상 파트너로 서로를 받아들이고 목적한 행위를 함께 움직여서 만들어내는 것은 고난도의 일이다.

당사자끼리 씨름하는 사이 돌봄을 지원하는 제도나 정

책의 등장과 채비는 느리기만 하다. 인류는 존재하는 내내 돌봄에 의존하고 돌봄을 해왔는데 제도라는 건 왜 이리 늦게, 새삼스럽게 등장하는 걸까? 집안일, 여자 일로 치부하다가 더 감당할 수 없게 돼서야 부랴부랴 만들기 시작해서일 것이다.

돌봄이 당장 공적 의제로 다뤄진다고 해서 정의로운 제도로 부드럽게 안착하는 그런 낭만은 없다. 돌봄의 배치를 달리하는 상상력이 필요하다. 지금껏 해온 그대로 돌봄을 성역할, 집안일로 계속 배치하면 찔끔 지원하고 생색내는 제도에 그칠 게 뻔하다. 가령 집안 돌봄자에게 빈약한 보조금을 주는 데 그친다면? '돈도 받으니 네가 계속해라'라는 압력이 가해질 테다. 노동시장에서 싸게 외주 줄 수 있는 일로 계속 배치된다면? 보상도 형편없고 경력 인정을 기대할 수 없는 일로서 이주여성 노동자나 별다른 선택지가 없는 중노년 여성 등에게 계속 전가될 테다. 그리고 구매력 있는 소비자로 편리를 누리는 계급의 사람들은 애써 공적 돌봄 제도를 만드는 데 무관심할 것이다. 돌봄을 하지 않는 것으로 경제적 이익과 여유로운 시간 등을 누릴 수 있는데 굳이 골아프게 공적 제도에 관심을 가질 이유가 없다.

돌보고 돌봄 받는 몸들은 이런 배경 속에서 서로의 관계를 기획하고 끊임없이 움직인다. 성공, 결렬, 어느 정도의 포기, 재시도, 재도약…. 매순간 이 기획을 어떻게 실현케 할 것 인가, 협상이 필요하다.

협상을 하려면 협상력이 필수다. 돌봄에 의존하는 당사 자인 아동, 노약자 등은 협상력이 약할 수밖에 없고, 돌보는 사람 또한 돌보면 돌볼수록 경제적으로나 사회적 발언력으 로나 취약해진다. 이런 돌봄 당사자들이 협상력을 발휘할 수 있는 상황과 조건을 만드는 일이 절실하다.

그 조건의 출발점은 돌봄을 주고받을 수 있는 권리를 사 회 공통의 의제로 같이 다루는 것이고, 하던 대로가 아니라 돌봄을 새롭게 배치하면서 제도적으로 지원하는 것일 게다.

도망치는 남자

남성의 부모 돌봄

믿는 구석

남자는 친구들 만나기가 싫어졌다. 하도 옛날얘기만 해 대기 때문이다. 그때 그 시절 얘기로 어리고 젊던 자신들 모습을 박제하는 것 같다. 남자 자신도 딱히 달리 할 얘기가 있는 건 아니다. 현재의 삶을 얘기하기 싫은 건 남자도 마찬가지다. 60이 코앞인데 퇴직연금 받으려면 어떻게든 끝까지 버텨야 하는 직장, 그때 그 시절 자신보다 훨씬 힘들어하고 소득도 주거도 불안한 자식들 상황, 일주일에 단 하루도 같이 저녁을 먹을 수 없냐고 하는 아내에 대한 미안함. 그리고 어느 날부터인가 한밤중과 새벽에 걸려오기 시작한 전화….

아버지는 그런 분이 아니었다. 야밤에 전화해서 이미 존재하지도 않는 땅을 둘러싼 소송 여부를 확인하거나 영문 모를 화를 내실 분이 아니었다. 남자는 '그것'의 징조를 느끼고는 있었다. 하지만 병원에 모시고 가서 진단을 받는다거나 할 생각을 하지 못했다. 아니 안 했다. '믿는 구석'이 있기 때문이었다. 그렇게 아무것도 하지 않은 시간이 갔다.

어느 날 그 믿는 구석에게서 전화가 왔다. 어머니는 아버지가 무섭다고 했다. 이상한 의심을 하고 폭언을 하는 일이 잦아졌다고 했다. 두 분만 사시는데 밤에 같이 있기가 불안하다고 했다. 어머니 입에서 '요양원'이란 단어가 나왔다. 남자는 마비가 되는 듯했다. 믿는 구석이 그 단어를 입 밖에 냈다는 것은 상황이 그만큼 지독하다는 증거다. 생각과는 달리 원망의 말이 튀어나오려 했다. '아니, 아버지 그러신 게 얼마나 됐다고.' 남자의 입이 열리기 전에 이번에도 어머니가 더 빨랐다.

의심과 폭언 같은 증상이 나타나기 전에 많은 일이 있었다는 걸 어머니는 이제야 털어놓는다. 아버지는 집에 오는 길을 잃어 택시를 타고 귀가하기도 했다. 신체 기능은 괜찮지만 길을 몰라서 자전거도 못 타게 됐다. 그렇게 깔끔하던 분이 훤한 대낮에 남들 보는 거리에서 배변하는 일도 서슴지 않았다.

어머니는 오랫동안 입을 다물었다. 자식들에게 걱정 끼치고 싶지 않았고 평소 자신이 자식들에게 하던 말, '니들은 니들 삶을 살아야 된다'를 지키기 위해 모든 걸 자신이 감당하려 했다. 예상치도 못한 폭력에 대한 공포가 닥쳐서야 어렵게 남자에게 전화를 건 것이다.

어머니의 밤은 길고 무섭다. 평생 가장 친밀했던 사람이 다른 모습을 하고 등장하는 밤은 낮의 삶까지 갉아먹었다. 평안한 잠을 빼앗기고 뒤척거리는 밤, 잦은 배변과 배회, 집 밖으로 나가려는 것을 붙잡는 실랑이, 갖은 의심으로 늙은 아내를 추궁하는 고문은 낮에도 피곤의 이불을 두텁게 덮었다.

말벗이자 나들이 짝꿍이던 동네 친구와도 어울리기 힘들어졌다. 한시도 옆을 떠나지 못하게 하는 아버지 뒤치다꺼리에 말년의 자유로운 인생은 사라졌다. 자식들 다 키워 내보냈고 손주들도 이제 막 취업했다 하니 이제야 맘 놓고 내 인생 살아볼까 했건만, 웬걸, 젊을 때는 혼자서 여기저기 구경 다니고 밖에서 놀기를 좋아하던 남편이 이제 집에 눌러붙은 것이다.

아버지 병도 병인데 어머니 삶의 한탄이 훅 다가오자 남자는 어찌해야 할지 몰랐다. '평생 믿는 구석이었던 어머니마저 불안하다 하면 나는 도대체 뭘 할 수 있지?'

남자는 때때로 막연하게 이런 날을 예상해보곤 했었다. 두 분에게 무슨 일이 생기면 사시던 집 팔고, 자신이 사는 곳 근처에 모시고, 배우자의 도움을 좀 받고, 그러다가…. 그다음 일은 잘 그려지지 않았다. 간간이 들리는 '좋다더라' 하는 요양원 정보를 시간 내서 좀 더 자세히 알아봐야지 했었다. 알아보려 했으나 요양병원과 요양원의 차이도 모르는 남자는 뭘 어떻게 알아봐야 할지 막막했다.

친구들도 비슷한 상황을 겪고 있을 테다. 그러나 딴 일이라면 몰라도 남자들은 간병 경험이나 정보를 나누기에는 믿지 못할 존재다. 직접 돌본 경험이 없을 게 뻔하다. 있어봤자 병원 동행 정도겠지. 건강검진 예약하고 하루 따라가는 것 정도로 효자 소리를 듣는 그런 이야기. 또 이런 고민을 전하면 분명 간병을 둘러싼 부부 싸움이나 형제자매 사이의 갈등 이야기로, 아니면 간병 비용을 어떻게 조달할까, 백세 시대에 무슨 보험을 들어놔야 할까, 듣고 싶지 않고 알고 싶지 않은 이야기로 화제가 바뀔 게 뻔하다.

까딱 말을 잘못 꺼냈다가는 돌봄을 회피하는 요즘 여자들에 대한 성토까지로 옮겨붙을 수도 있다. '옛날에는 말이야' 타령이 터지면 남자는 지레 겁났다. 어머니를 생각하지 않을 수 없기 때문이다. 어머니는 시집 온 후 차례로 치매에 걸린 시부모를 돌아가시기 전까지 돌봤다 한다. 남자가 태어나기 전 일이라 뒤늦게 알았는데, 시부모의 치매 때문에 셋방에서 쫓겨난 일도 있었다 한다.

'나는 누군가를 돌본 적이 있었나?'

어머니 전화를 받은 지 한참이 지났다. 믿는 구석은 역시 이번에도 달랐다. 남자가 이도 저도 못 하고 머뭇거리는 사이 어머니는 아버지의 장기요양등급을 받았다. 신청도 심사도 결과통지 수령도 다 어머니가 해냈다. 그리고 아버지가 주간보호센터를 다닐 수 있도록 조치했다. 아버지 혼자서는 센터에 안 가시려 하니 어머니도 등급을 받으셨다. 워낙 많은 일을 척척 해내시니 가족 모두가 잊고 살았는데, 어머니는 두어 차례 낙상으로 다리가 불편한 상태였다. 결국 어머니는 아버지를 돌보기 위해 주간보호센터에도 동행하는 길을 만들었다.

생각해보니 어머니는 늘 그랬다. 명절 때마다 남자의 가족이 내려오는 게 고생길이라며, 자신들이 남자의 집으로 오겠다고 먼저 제안하고 실행했다. '역귀성'이라는 말이 생기기도 훨씬 전의 일이었다. 남자의 아내에게 운전면허를 따라고 권한 것도 어머니였다. '나는 이렇게 살았지만 너는 그렇게 살지 마라'며 애를 봐줄 테니 얼른 운전면허 따라고 며느리의 등을 떠밀었다.

고교 졸업 후 남자의 진학은 타향살이로, 독립으로 이어졌다. 집을 떠난 후 남자는 안부 전화를 먼저 거는 일도 없고 무소식이 희소식이라 여기며 살았다. 안부를 물은 것도, 희소식이든 궂은 소식이든 먼저 전한 것도 어머니였다. 지금 생각하니 어머니는 남자의 전화를 기다리지 않았을까? 바쁘면 오지 말라고 했지만 사실 은근히 기다리지 않았을까? 괜찮다고, 별일 없다고 했지만 늘 아프고 서러운 과정의 한복판은 아니었을까?

오늘 문득 남자는 생각한다. '나는 과연 독립이란 걸 해본 적이 있는 걸까?' 공부만 열심히 하면 되는 게 집안에서 자기 일이었다. 직장을 가진 후에는 직장 일을 잘해내는 것이 전부였다. 그 외의 것은 늘 믿는 구석이 알아서 해줬다. 아버지 돌봄에 대한 돌봄을 어머니에게 또 받고 있다. 여지껏 어머니의 돌봄 안에 머물렀으니, 따져보면 60년 가까이 돌봄을 받아온 것 아닌가?

아버지의 병 앞에서 남자가 거리를 유지할 수 있는 것은 결국은 남자이고 직장이 있기 때문이다. 딸이었다면, 딸의 직장이었다면 어땠을까? 딸이 직장을 관두고 부모님을 돌보는 걸 주변 사람들은 당연하게 여겼을지 모른다. 아버지 돌봄에 조금이라도 기여하려면 시간을 내야 하는데 시간은 가장 비싼 자원이다. 남자는 은퇴 전까지 5-6년은 지금처럼 일해야 한다. 직장에 몸담고 있는 한 남자가 부모의 돌봄 앞으로 직접 나아갈 일은 없을 것이다.

남자에게는 전업주부인 아내가 있다. 물어보지는 않았지만 아내에게 아버지 돌봄을 기대할 수 있을까? 장인장모를 돌보느라 힘든 세월을 보낸 아내가 다시 그 일을 감당하려 할까? 아들이 해야 할 돌봄을 왜 며느리 돌봄으로 전가하려 하느냐고 하면 부부 사이가 서먹해지겠지? 또 부모님은 아들 대신 온 아내를 과연 달가워할까? 아무데서나 배변하는 시아버지를 며느리에게 보이는 것은 부모님이 견딜 수 있는 일이 아닐 것이다.

아내의 지원을 받는 것과 아내에게 전적으로 맡기는 것은 아주 다르다. 그건 정말 아닌 것 같다. 게다가 남자는 아이들 기를 때 기저귀 하나 가는 것도 하지 못한 전력이 있다. 못 미더워서, 남자가 하지 않으니까 아내가 전부 다 감당한 육아였다. 독박 육아로 인한 만성 수면 부족, 그로 인한 아내의 짜증을 맞받아치지 않고 참은 것 정도가 남자가 한 일이었다. 자정 무렵에야 귀가했다가 아침 일찍 나가는 하숙생과 다를 바 없었다. 이런 남자에게 아내는 서로가 늙고 병들었을 때 배우자 돌봄을 기대하기는 할까?

물론 가족이라고 해서 부모를 직접 제 손으로 돌봐야 하는 건 아니다. 사회복지 관련 시설, 노인 기관, 이런저런 사회서비스를 이용하는 게 요즘 세상에는 오히려 당연하지 않은 가. 그런데 그 또한 만만치 않다. 남자는 중간에 낀 세대다. 연로한 부모의 여생이 길어지고 돌봄이 그만큼 필요한 초고령 시대를 처음 맞는 세대다. 한편으론 남자 자신의 노후가 가까워지는데 이렇다 할 준비는 없다시피하다. 다 키웠다고는 하지만 자식들 형편은 언제 어떻게 남자에게 손을 벌릴지 모를 불안한 상태다. 샌드위치 상태인 남자를 노려보는 돌봄 시장은 노후 자금의 블랙홀이 돼서 알량한 자산을 다 빨아먹을 것 같다.

돈 걱정도 크지만 노화의 진행 정도에 따라 어떤 곳에서 어떤 돌봄을 택할지도 두렵다. 아버지가 당장은 어머니의 결단과 행동으로 주간보호센터에 다니시지만 상태가 어떻게 변할지 모른다. 진행 속도가 느리기를 바라지만 결국은 집에서 계속 지내시기 어려울 날이 올 것이다.

센터를 다니시는 양상도 두 분이 너무 다르다. 아버지는 씻고 차려입고 나가는 것도 점점 싫어하시고 다른 사람들과 어울리는 것도 어색해하신단다. 반면 어머니는 나름 '학교'에 다니는 느낌을 즐기신단다. 어머니는 그 시대 여성들이 대개 그러하듯 남자 형제들이 학교에 갈 때 집안일하고 일찍 돈 벌어 뒷바라지를 했다. 초등학교도 졸업하지 못하셨다. 그래서 뒤늦게 센터에 다니시며 그림도 그리고 노래도 배우고 글씨도 쓰고 하는 게 학교 다니는 기분이 드신다고 했다.
또 센터 원장님에게 칭찬도 많이 받으니 우수 학생으로 인정
받은 것 같고 다른 사람들하고도 잘 지내니 아버지 돌봄에
매인 구속감에서 나름 자유로워지신 것 같았다.

'다른 사람 손에 맡길 수 있을까'

남자는 이 평화가 오래 지속되기를 기도한다. 발걸음 가
벼운 어머니와는 달리 아버지는 센터에 안 가겠다고 뻗대시
는 날이 잦다는데 더 완강하게 나오시면? 주간보호센터나
방문요양으로는 감당이 안 되는 때가 오면?

기껏 떠올릴 수 있는·건 그나마 괜찮은 요양시설을 파악
해두는 것이다. 지금 아버지 앞에서는 요양병원이든 요양원
이든 '요' 자조차 입에 올릴 수 없다. 난리가 날 게 뻔하다. 어
머니는 자신이 버틸 수 있는 데까지 버티시다 결국 '선언'하
실 것이다. 그걸 선언할 권리는 어머니에게 있다고 남자는
생각한다. 남자는 어머니의 선언 전에는 움직일 수 없을 것
이다. 그런데 무섭다. 아버지는 어머니가 결정하신다 치자.
어머니는?

그나마 괜찮은 곳에 모셨다고 치자. 고향 집도 잘 찾아
뵙지 않았었는데, 그곳을 얼마나 찾게 될까? 방문한 다음에
는? 괜찮으시냐고, 잘 지내시냐고 물은 다음, 그리고 그다음

엔…. 대답도 못하시는 상태라면 물끄러미 얼굴만 보다 돌아오게 될까? 돌봐주는 분들에게 잘 부탁드린다는 인사하는 것 말고, 음료수 꾸러미 같은 걸 건네는 것 말고 또 무엇을 할 수 있을까?

아버지 혹은 어머니는 자신을 그곳에 보낸 아들을 어떻게 생각할까? 손발톱 깎아드리고, 얼굴과 머리를 쓰다듬어드리고, 조곤조곤 옛이야기를 들려드리는, 휴먼다큐 프로그램에 나올 법한 그런 행동이 과연 자신에게서 나올까? 그곳에 다녀온 날이면 울적하답시고 괜히 술잔이나 기울이지 않을까? 그럴 때 불러낼 술친구가 남아 있기는 할까?

아버지에게 병이 닥치기 전 일이다. 60대 아들이 90대 노모를 위해 매일 매 끼니 다른 반찬을 요리한다는 이야기, 아들이 제 가족은 도시에 두고 치매 어머니를 고향에서 수년간 모셨다는 이야기, 그런 미담 기사나 당사자가 쓴 책을 접할 때마다 남자는 생각했었다. '환상 같은 얘기네.' 그게 부단한 연습과 행동 없이 어느 날 갑자기 될까? 남자가 알고 있는 동시대 남자들에게는 찾을 수 없는 모습인데 이 사람들은 도대체 어디서 생겨난 별종인 걸까? 그런 상상하기 어려운, 너무 탁월해서 엄두가 안 나는 사례가 아니라 자기 같은 남자가 흉내라도 낼 만한 돌봄 사례는 어디에 있을까?

자료를 검색해보니 일본의 사례들이 우선 보였다. 남자

가 찾던 맞춤형처럼『아들이 부모를 간병한다는 것』이라는 제목의 책도 보였다. 책에 따르면 한국보다 앞서 고령사회를 맞은 일본에서는 최근 아들 돌봄도 많이 늘었다고 한다.

그런데 아들이라고 다 같을 수가 없다. 결혼 여부, 연령대, 직업 유무와 직업 종류, 형제자매나 배우자의 협력 여부, 이용할 수 있는 공적 돌봄 체계의 유무, 가족 말고 다른 사회적 지원망 여부에 따라 상황은 천차만별이다. 따라서 부모를 돌보는 아들의 '공약수'를 추출하는 게 별다른 의미는 없어 보였다.

눈에 띄는 분석은 아들이 아버지를 돌보느냐 어머니를 돌보느냐에 따른 성차의 문제였다. 평생 수발 받는 것을 당연시해온 아버지를 돌볼 때는 아버지에게 고맙다는 말을 듣지 못한다. 반대로 늘 가족을 돌봐온 여성인 어머니와 돌보는 입장이 바뀌는 일은 아들에게도 어머니에게도 곤혹스러운 경험이란다. 아들은 어머니의 변화를 뒤늦게 알아챘다는 필자의 지적에 남자는 자기 속을 들킨 기분이 들었다.

돌보는 아들은 별난 존재 취급을 받기 십상이다. 하지만 아들이기에 최소한의 소극적인 돌봄을 하더라도 '그 정도라도 하는 게 어디냐'라는 식으로 기대가 낮다. 아들이라서 적당히 해도 별 허물이 되지 않고 아들 자신도 별 스트레스를 받지 않는다.

정작 중요한 질문은 아들로서 부모를 돌보려면 어떤 시스템이 마련되어야 하는가라고 했다. 경계해야 할 것은 고령자 돌봄의 책임이 공적 차원에서 사적 차원으로 바뀌는 경향, 가족끼리 알아서 할 문제로 취급되는 것이다. 아들 자신이 부모 돌봄에 대한 인식을 바꿔야 할 뿐 아니라 사회적 관계가 더 문제다. 자신의 처지를 드러내거나 돌봄의 어려움을 털어놓는 것을 부끄럽게 여기기에 돌보는 아들이 가장 피하고 싶어하는 상대가 동성, 동세대 친구라는데, 남자는 자신과 친구들과의 관계를 다시금 생각하게 된다.

'그동안 뭘 했지?'

남자는 아들을 떠올린다. 아들에게 남자는 어떤 돌봄을 기대할 수 있을까? 돌봄을 기대하는 게 가당키나 할까? 내 아들은 과연?

높은 주거 대출금 부담, 불안정한 직장 생활, 그걸 메꾸려면 더 긴 시간 더 강도 높게 일해야 할 텐데…. 아들은 자기 같은 남자가 아니기를 바라지만 남자의 기대는 어둡다. '산업역군'이라 불렸던 할아버지, '민주화 세대'라 불렸던 아버지를 둔 아들은 무엇으로 불릴 수 있을까?

유럽에서 유행하기 시작했다는 '돌보는 남성'이 가당키나 할까? 결혼도, 자기 애 낳아 키우기도 앞으로 더 힘들어질 것 같은데 내가 아들에게 무슨 돌봄을 기대하나. 그나마 사회적 지원이 되는 육아조차 그리 힘들다는데 자기 같은 노년을 돌보는 일에 차례가 올 수 있을까?

그럼 딸은? 딸을 생각하면 남자 속이 쓰라리다. 똑같이 기르고 공부시켰는데 딸의 취업은 아들보다 몇 배 더 어려웠다. 간신히 취업한 딸의 소득은 교육 수준에 비해 너무 낮다. 대출 받기도 힘들어 딸의 주거 독립은 어렵고 직업의 불안정성도 훨씬 크다. 딸과 친구 같은 사이라지만 남자는 캥거루가 된 기분을 벗어나기 힘들다. 만약 딸이 쭉 이렇게 같이 살다가 노년의 남자와 아내를 돌본다고 할 때 돌봄 비용은 누가 댈 수 있을까?

남자는 자기와 친구들을 생각해본다. 젊은 시절 거리에서 시위하면서 보낸 시간들이 적지 않았다. 괜찮은 세상 만들어보겠다고 바지런히 꼼지락거렸다. 정부나 국회 쪽에 터를 잡은 친구들도 꽤 된다. 늙어간다고 한숨짓지만 사회적 위치와 영향력은 자식 세대와 비할 바 없이 여전히 크다. 베이비부머 세대인지라 머릿수로 따져도 규모가 엄청나다. 그런데 육아, 간병, 노년 돌봄 등과 관련해 뭣 하나 제도적으로 야무지게 '단도리'해놓은 게 없다.

돌봄 위기가 표면화되면서 그런 동년배들이 '돌봄국가책임제'라는 현수막 아래서 기자회견을 하거나 정견 발표를 하는 걸 자주 보게 됐다. 제목들은 거창했고 돌봄에서의 해방을 약속하는 스피커의 볼륨은 웅장했다.

그럴 때마다 남자는 제 손을 지그시 내려다봤다. 끈적끈적하고 축축한 것들에 젖는 감각을 느껴본 적 없는 손, 먼저 전화기의 버튼을 눌러본 적 없는 손, 혼자서 어쩔 줄 몰라 하는 독박의 쓰라림에 푹 적셔본 적이 없는 손이다. 그런 손의 감각을 건너뛰면서 이룰 수 있는 공적인 것이 있을까?

남자는 오랜 사회 경험으로 바로 알아차릴 수 있다. 사기꾼의 소리는 거창하고 달콤하다는 것을. 그래서 아동, 장애인, 노년 관련 국가책임제에 담긴 거창함이 남자를 의심케 한다. '공적인 제도의 구축과 그를 통한 돌봄 당사자와의 동행이 절실하다'는 요구와 돌봄과 관련된 모든 게 당장 '내 손을 떠날 수 있다'고 지저귀는 소리는 다르다.

남자는 휘청거린다. 자기들이 만든 세상에서 부모님의 말년, 자신에게 손짓하는 노년, 자식 세대의 불안을 마주한다. TV만 틀면 쏟아져 나오는 치매보험, 간병보험, 연금보험 그리고 최근 부쩍 늘어난 실버타운 광고. 개별적으로 자기 주머니 털어야만 하는 시장의 메가폰 소리는 크기만 하다. 남자가 믿고 의지할 공적 기관이나 사회서비스는 드물다. 노년 돌봄 시설은 99퍼센트가 민간이고 불과 1퍼센트만이 공공이라 한다.

'이제라도.' '지금이라도.' '더 늦기 전에.'

어디선가 속삭임이 들려오지만, 남자는 어떻게 응답해야
할지 모르겠다.

이제, 사랑의 시간

비혼 장애여성의
독박 돌봄

시작

시월의 어느 날, 밤 10시 반쯤 되었을까. 회의가 늦어지고 있는데 핸드폰이 울렸다. '이 시간에 대체 누가?' 힐끗 화면을 보니 엄마였다. 어두운 예감이 먹구름처럼 덮쳤다. 전화를 받은 상희에게 겁에 질린 목소리로 엄마가 띄엄띄엄 말했다.

"상희냐? 나 무섭다. 아무래도 방에 귀신이 있는 것 같다."

드디어 올 게 왔구나 싶었다.

"엄마, 상민이 없어요? 간단하게 짐 싸놓고 기다리세요. 바로 갈게요."

상희는 동료들에게 양해를 구하고 서둘러 일어났다. 동생 집까지 가는 30여 분 동안 심장이 쿵쾅거렸다. 엄마는 대충 옷가지를 챙겨 넣은 보따리를 옆구리에 끼고 이미 문 앞에 나와 있었다. 상희를 보자마자 엄마는 그의 팔을 덥석 잡았다. 길을 잃고 헤매던 아이가 드디어 엄마를 만난 듯 안도하는 모습이 절실했다.

그날 상희가 자기 집에 모시고 온 뒤로 엄마는 더 이상 동생 집으로 돌아가지 않겠다고 했다. 엄마의 목소리에는 아닌 게 아니라 불안의 기운이 역력했다. "무서워. 누가 나를 계속 노려보는 것 같아. 주위가 서늘하고 섬뜩해." 지금까지 15년이 되도록 이어진 엄마와의 동거 생활이 그렇게 시작되었다.

엄마를 모시고 간 병원에서 의사는 우울증의 시작이라고 했다. 노인에게 드물지 않다고도 덧붙였다. 빨리 해결하지 않으면 상태가 점점 더 나빠질 거라고도 했다. 상희는 그때부터 엄마를 모시고 정신과 치료를 받으러 다니기 시작했다. 집에서 제일 가까운 노인복지센터에 상담도 신청했다.

그전 해 구정 때 제사를 지내고 나서 장녀인 상희는 남동생 셋을 모아놓고 이제부터는 집에서 일일이 음식 만들어서 제사상 차리는 거 하지 말자고, 시장에서 음식 사다가 간단하게 지내자고 제안했다. "가족이 모여서 얼굴 보며 같이 밥 먹고 얘기하는 데 의미가 있는 거잖아. 무엇보다 노쇠한 엄마의 짐을 덜어드려야 할 것 같아." 상희의 말은 진심이었다. 평생 가족들 부양에는 관심도 능력도 없으면서 폭력적이었던 남편의 제사가 엄마에게 무슨 의미가 있나 하는 생각에서였다.

그러나 그건 자식들만의 생각이었던 걸까. 아버지 돌아가시고 딸 아들 데리고 제사상 차리느라 번잡했는데 엄마에겐 어쩌면 그게 시름시름 정신이 흐려지는 시간을 버티는 힘이었는지도 모르겠다. 엄마에겐 어쨌든 '내가 해야 할 일'이 있다는 게 필요했던 건가.

우울증이 발병하기 3년 전에 이미 엄마는 병원에 가서 '치매' 검사를 받고 싶다고 했다. 건망증이 급속도로 심해지는 게 아무래도 이상하다고 했다. 상희와 병원을 다녀온 후 엄마는 인지장애증 예방약을 꾸준히 복용하면서 건망증이 심해져도 살림을 놓지 않았다. 이것저것 잊어버리는 건 일상이고 냄비나 팬을 새까맣게 태우는 일도 다반사였다.

건망증이 심해지면서 짜증도 늘었다. 자신이 변하는 모습을 남들이 눈치채는 게 싫었을 거다. 서로 속내를 터놓으며 친하게 지내는 사람이 없던 엄마는 상희의 친구들이 보이는 반응에 심리적으로 많이 기댔다.

"아유, 엄마 그거 별거 아니에요. 우리도 맨날 그래요. 괜찮아요, 괜찮아. 다 그러고 사는 거죠, 뭐!"

친구들은 상희와 함께 일부러 엄마 집에 자주 놀러 가서 "어머나, 나 또 까먹었다. 엄마, 나 또 까먹었네?" 말하면서 함께 깔깔깔 웃었다.

　　상희의 주변엔 친구가 많다. 예기치 않은 상황이 닥치면 스트레스를 받기보다는 색다른 경험으로 여기고, 까다롭게 금을 긋기보다는 다양한 사람과 친분 맺기를 좋아하는 성격 덕이다. 어린 친구, 동년배, 서너 살 더 먹은 친구, 오래전부터 친하게 지내온 친구, 우연히 만났는데 그 자신도 상대방도 붙임성이 좋아 더할 나위 없는 절친이 된 친구.

　　엄마는 결혼하지 않은 막내아들과 함께 살았다. 상희는 휠체어로 10분 정도면 엄마의 임대아파트에 도착할 수 있는 곳에 살면서 엄마 집에서 수시로 친구들과 엄마가 해주는 밥을 먹었다. 이미 미각과 후각을 잃기 시작한 엄마가 해주는 반찬은 간이 들쑥날쑥했지만 친구들은 "맛있다 맛있어. 정기적으로 엄마 밥을 먹어줘야 스트레스가 풀린다니까" 하면서 인지장애증 경증인 엄마의 불안을 가라앉혀주었다. 시월의 어느 날 밤 전화를 걸어 귀신 이야기를 할 때까지도 엄마가 통장을 딸에게 맡기지 않은 건 그만큼 자신이 있었다는 뜻이었다.

　　엄마는 신경정신과에서 우울증을 치료하고 노인복지센터에서 상담도 받았지만 2년 반 정도 지났을 때 결국 심해진

인지장애증과 파킨슨병 진단을 받고 장기요양보험 수급자가 되었다. 이제 살림은커녕 자기 자신의 일상을 지키는 데도 타인의 돌봄이 필요할 정도로 취약한 상태가 된 거다.

출퇴근을 지켜야 하는 월급쟁이 노동자가 아니라 지역에서 청소년 인권 활동과 여성주의 문화운동에 힘을 쏟던 상희는 다행히도 요양보호사와 의논해 엄마 돌봄을 조율하면서 일을 계속할 수 있었다. 그가 아침밥을 차려드리고 나가면 낮에 요양보호사가 와서 네 시간 동안 엄마를 돌보고, 늦은 저녁에 그가 돌아와 바통을 이어받는 식이었다.

장기요양등급을 받은 초창기에 엄마를 돌본 요양보호사에게 상희는 지금도 큰절을 올리고 싶다. 그만큼 엄마를 잘 돌봤다. 식사, 화장실 동반, 목욕 같은 기본이 되는 돌봄에서 보여준 정성과 능력만이 아니다. 그는 엄마를 계속 나빠지고 사라지는 기능의 다발로 보는 대신 욕구와 감정이 있는 나이든 이웃으로 대했다. 주로 낮에 외출하는 상희를 대신해 그는 엄마를 휠체어에 태워 일주일에 두 번 재활치료를 받으러 다녔다. 재활 일정이 없는 날에도 날씨만 허락하면 늘 산책하러 나가곤 했다.

"바깥 공기와 햇볕이 얼마나 기분을 좋게 하는데요. 그리고 동네 사람들 속에 섞여 저이들은 어떻게 사나 봐야 살맛이 나지요."

그의 돌봄 철학이었다. 얼마나 고맙던지! 상희는 밖에서 활동할 때도 요양보호사가 생각나면, 고맙습니다, 두 손을 모았다. 요양보호사가 쉬는 주말에는 상희가 엄마를 모시고 이곳저곳으로 소풍을 가고 여행을 떠났다. 엄마는 '걱정을 안 하면 큰일이 닥치더라, 걱정을 해야 무슨 일이 와도 크게 오지 않더라'라며 평생 걱정을 안고 산 사람이다. 평생을 돈 돈 돈, 돈이 들어와도 걱정, 돈이 나가면 더 걱정이었던 엄마는 여행이라곤 도무지 해본 적이 없었다. 그런 엄마였으니 TV를 보다가 어느 지역 이벤트나 먹거리나 풍경을 보고, 저기 한번 가보고 싶다, 말하면 상희는 마음이 아릴 정도로 반가웠다.

선택

그런 상희가 모든 활동을 접고 엄마를 전면적으로 돌보기로 결정한 건 엄마가 장기요양등급을 받고 제도적 돌봄을 받기 시작한 지 3년쯤 되었을 때 터진 사건 때문이었다.

일하고 집에 돌아왔더니 엄마가 침대 밑에 가슴이 낀 상태로 숨을 헐떡이고 있었다. 아니, 숨을 거의 못 쉬고 있었다. 걸레질하다 침대 밑으로 들어간 걸까. 몸이 들어갈 만큼 여유가 있는 앞쪽에서 들어가 걸레질하고는 공간이 비좁은 옆으로 나오려다 그만 몸이 낀 것이리라.

도대체 몇 시간이나 이러고 계셨던 걸까. 너무 놀라 한 동네 사는 친구를 불렀다. 119보다 빠를 것 같았다. 밤 아홉 시가 넘었지만 친구는 단숨에 달려와 함께 침대를 들어주었다. 조금만 더 늦게 집에 왔으면 어쩔 뻔했나 온몸에 식은땀이 흘렀다. 심장이 벌렁거렸다. 이래서 누군가가 늘 옆에 있어야 하는구나, 공동 육아처럼 공동 돌봄이 필요한 거구나 깨달은 순간이기도 했다. 공동 육아를 위해 모여 사는 사람들은 있는데 왜 노인 돌봄을 위해서 모여 사는 사람은 없을까? 그 황망한 순간에도 이런 질문이 떠올랐다.

하던 일을 모두 그만두겠다고 결심하는 데에는 오랜 망설임이 필요하지 않았다. 엄마 돌봄에 전념하겠다는 선택이었다. 엄마와 주말 소풍이나 여행을 더 자주 다니면서 엄마를 더 깊이 알고 싶기도 했다. 엄마를 친밀하게 돌보면서 엄마를 향한 자신의 사랑을 전할 처음이자 마지막 기회라는 생각도 들었다. 이 돌봄이 얼마나 오래 지속될지, 어떤 책임을 얼마큼 져야 할지 막연히 상상할 뿐이었다. 글쎄 5년? 6년? 그래 그 정도면 해보자. 대충의 짐작이었다. 어쩌면 대충이고 막연했기에 어렵지 않은 선택이었을지도 모른다.

상희는 지체장애가 있다. 50대 후반부터는 10분도 걷기 힘들었다. 그런 상희가 60대가 되었다. 휠체어를 타는 몸으로 여전히 엄마를 돌본다. 두 남동생이 와서 돌봄을 나누는 일요일 하루를 빼고 일주일에 6일을 혼자 책임진다. 영락없는 독박 돌봄이다. 그러나 상희는 여기에 동의하고 싶지 않다. 멀리 떨어져 사는 큰동생은 제외하고 나머지 두 동생은 번갈아 엄마 식사나 목욕, 기저귀 케어를 돕고, 집안 스팀 청소를 한다. 상희가 원하는 만큼의 돌봄 기술은 아니다. 몇 번이고 똑같은 말을 반복해야 한다. 그래도 동생들이 즐겁게 한다는 게 중요하다. 그리고 상희는 처음부터 이 돌봄 책임에 동생의 아내들은 포함하지 않았다. '며느리 없이, 아이들은 원하면 함께.' 상희가 정한 원칙이었다.

상희는 동생들이 오면 주중에 엄마 상태가 어땠는지 무슨 일이 있었는지 시시콜콜 이야기한다. 새겨듣건 흘려듣건 상관치 않았다. 일주일에 한 번 방문하는 게 아니라, 일주일에 한 번이라도 돌봄으로써 함께 돌보고 책임지는 사람이길 원했다. 월요일부터 토요일까지 수행된 돌봄에도 동생들이 동행과 공유의 감각을 가질 수 있어야 자신도 독박 돌봄의 덫에 갇히지 않을 수 있다고 생각했다. 돌봄의 역량은 하면서 배우고, 또 배우면서 느는 거라서 동생들의 돌봄 태도나 기술도 느릿느릿 성숙의 길을 가고 있다.

예를 들어 누워 지내는 환자에게 가장 심각한 문제가 변비라고, 엄마도 예외가 아니라고 상희가 여러 번 말했더니 목욕 케어로 효과가 나타났다. 둘째 동생이 엄마를 목욕시킬 때 진료용 라텍스 장갑을 끼고 엄마 항문 주위의 딱딱한 부분을 마사지하고, 때론 더 필요한 조치까지 취한다는 걸 상희는 나중에 알게 되었다. 콕 집어서 시킨 일이 아니었다. 상희는 여러 관장 도구를 보여주었을 뿐인데 동생이 더 찾아본 모양이다.

물론 언제나 순항은 아니다. '1보 전진, 2보 후퇴'가 오히려 돌봄의 평균 걸음걸이였다. 동생들은 일주일 내내 힘들었다면서 엄마 기저귀 케어할 시간에 소파에서 졸기도 하고, 점심 먹고 난 식탁을 지저분하게 그대로 두고 멍하니 TV를 보기도 한다. 때론 이해했고, 때론 화가 치솟았다.

상희는 사회활동을 멈춘 시간이 길어지면서 이러다 완전히 낙오하는 게 아닐까 두렵기도 했다. 책임지고 관여하던 청소년 인권 단체나 여성문화운동 단체의 주요 행사에 가끔 참석하면, 그들이 하는 말을 이해하기 위해 자꾸 통역이 필요해졌다. 그러면 식은땀이 나고 심박이 빨라졌다. 세간을 움직이는 핵심 흐름과 이슈를 따라잡아야지 다짐하며 인터넷을 뒤지고 이런저런 책을 여러 권 주문해 쌓아두었지만, 엄마를 돌보는 사이사이 책을 펼치니 활자는 읽히는데 문단은 잘 읽히지 않는다.

이럴 때면 상희는 스멀스멀 번지는 불안의 한가운데서

질문한다. 비혼이 아니었다면, 딸 하나 아들 셋인 집안의 유일한 딸이 아니었다면, 장애인이 아니었다면. 남동생 셋이 어떻게든 엄마 돌봄을 떠맡았을까. 상희의 의도와는 다르게 돌봄은 심지어 장애가 있어도 딸이 하기 마련이고 또 딸이 해야 잘한다는 고정관념을, 자기가 세상에 확인시킬 수 있다는 것도 잘 알고 있었다.

　그러나 매번 상황은 달라도 스스로 던진 질문에 대한 상희의 대답은 다르지 않았다. 그래, 사정이 달라졌겠지. 그렇다고 이 선택이 강요된 것만은 아니야. 나는 이 선택을 후회하지 않아. 내게 이 선택은 엄마가 이렇게 되기 전에 이미 마음속에서 싹트고 있었어.

깨달음

　상희는 40대가 끝나갈 무렵, 뒤늦게 엄마가 장애를 가진 딸을 키운 엄마라는 사실을 깨달았다. 장애아를 키우는 후배를 가까이에서 지켜보면서였다. 그에게 엄마는 그냥 엄마일 뿐이었었다. 딸이 성인이 된 후에도 장애아(兒) 대하듯 사사건건 개입하고 보호하려는 엄마였다. 싸우고 저항하며 가능한 한 엄마에게서 멀리 떨어지려 했었다. 고등학생이 되자마자 친구 집에서 살겠다며 집을 나왔다. 밀리터리룩이나 히피 차림으로 피아노 앞에 앉는 걸 참지 못하는 엄마의 표정이 일

그러질 때면 환청처럼 벌써 들리기 시작하는 엄마의 목소리 톤만으로도 부르르 떨리는 20대와 30대를 보냈다.

그 엄마가 한국 사회에서 장애가 있는 딸, 그것도 장녀를 키운 엄마라는 걸 깨닫자 상희는 마취에서 깨어나는 것 같았다. 자기를 키운 저 여성이 어떤 엄마였는지 비로소 보이기 시작했다. 고집스럽고 지독한 돌봄이었다. 전신 소아마비인 딸을 보행 이동이 가능하도록 훈련했고, 학교에 보내서 사회 활동이 가능한 성인으로 키웠다. 이름을 대면 알 만한 유명 인사들도 장애가 있는 자식은 쉬쉬하며 집 안에 숨기던 시절이었다. 특히 딸은 집에 갇혀 온갖 집안일을 하거나 다른 식구의 감정을 돌보며 지내는 게 당연하던 때였다.

그런 시절에 엄마는 가혹하리만치 타협하지 않았다. 엎어져 있던 그를 일으켰다. 상희가 문의 모서리를 잡고 일어서자 걸을 수 있다는 희망을 놓지 않았다. 이윽고 스스로 걸음을 떼자 문 밖 세상으로 나서게 했다. 한 걸음 내딛고 주저앉았다가 다시 한 걸음 내딛고 또 주저앉아야 했다. 힘들고 창피해서 학교에 가지 않겠다는 그를 엄마는 설득하고 다그치고 동행했다. 자나 깨나 돈 걱정을 입에 달고 살았으면서도 딸이 원한 피아노를 전공할 수 있게 해주었다.

상희가 이 모든 걸 새롭게 보게 된 건 장애아 딸이 있는 후배를 만나면서였다. 다양한 리듬을 접하고 싶어 거문고를 배울 때였다. 후배는 상희보다 10년 정도 어렸고 그의 딸은 뇌병변장애가 있었다. 거문고를 배울 때면 늘 한쪽에 누워 있던 아이. 한 번도 혼자 힘으로 일어난 적이 없다던 아이.

그런 아이를 키우는 후배를 보면서 '우리 엄마가 저랬겠구나' 그제야 깨달음이 왔다. 그전까지는 "엄마 인생과 내 인생은 달라!" 목청껏 선언하며 독자적인 삶을 주장했는데 자신의 인생 뒤에 드리워진 엄마의 인생이 보였다. 다르지만 또한 겹치지 않고서는 온전히 다를 수 없는 두 여자의 삶이었다.

여덟 살까지 늘 누워만 있던 아이가 다른 세상으로 떠났을 때 후배는 말했다. "전생에 내가 갚아야 할 것이 많았나 봐요. 내가 이제 그걸 다 갚았다고 생각해서 아이가 간 것 같아요." 신음하듯 토한 말 속에 뒤엉킨 고통, 슬픔, 원망이 상희 몸에도 스며드는 것 같았다. 걸음을 뗄 때마다 한쪽으로 기우는 몸에서 후배의 말이 수포처럼 떠올랐다. "한국 사회에서 장애가 있는 딸자식을 키운다는 게 어떤 건지 아세요?"

'우리는 모두 어머니의 자식이다.'

'돌봄으로 살리는 마을'이라는 주제로 열린 모임에서 어떤 토론자가 소개한 말이었다. 상호 의존과 돌봄의 보편적 윤리성을 압축한 말이라고 했다. '너무 평범한 말 아니야?' 당시엔 별 감흥이 일지 않았다. 이 말이 얼마나 많은 걸 품고 있는지 나중에야 어렴풋이나마 알게 된 거다.

마음에서 일렁이는 깨달음이나 감정과 달리 엄마를 만나도 '엄마 미안해' '엄마 사랑해' 고백하지 못했다. 여전히 싸웠고 뒤돌아 후회했다. 결국 한참 지나 엄마의 인지가 더 나빠지고, 또 파킨슨병 증상으로 섬망과 함께 팔을 허우적대며 잠꼬대처럼 소리를 막 내지를 때, 그때 상희는 비로소 자신의 진심을 엄마에게 말할 수 있었다.

"엄마, 나 엄마 딸 상희야. 엄마 사랑해. 엄마 떠나면 안돼. 내 옆에 계속 있어야 해. 사실은 엄마 많이 좋아하는데, 그동안 좋아한단 말을 못 해서 미안해. 정말 미안해. 엄마, 내게 사랑할 시간을 줘."

거의 1년, 그는 엄마 손을 잡고 이 말을 반복했다. 엄마가 바로 전에 들은 말도 기억하지 못하니까, 상희는 고백하고 또 고백했다.

그렇게 엄마에게 보드랍게 대해서였을까. 그래서 신뢰의 폭이 넓어진 걸까. 상희가 아는 한 엄마는 누구와도 보드라운 관계를 맺어본 적이 없는 사람이었다. 잘못했다고, 미안하다고 말하는 걸 본 적이 없었다. 상대방에 대한 배려는 없고 칼로 후벼파듯 독하게 말하던 엄마였다.

그런 엄마가 치매 노인이 되어 '감사합니다', '고맙습니다'를 입에 달고 살았다. 그동안 삶이 너무나 고되고 힘겨워서, 악착같이 살아남기 위해 방어기제와 위악이 필요했던 것일까. 거친 겉껍질이 벗겨지고 그 안에서 여리고 살가운 모습이 드러날 때 승희는 기쁨과 고통을 동시에 맛보았다. 처음 가보는 돌봄의 길에서 그는 이렇게 어디선가 튀어나오는 크고 작은 기쁨과 통증을 만났다. 그 길에서 타인이었던 엄마는 점점 들리고 만져지는 그의 엄마가 되었다.

엄마는 낯선 사람과 말하는 걸 정말 싫어했다. 장기요양등급을 받고 데이케어센터에 다니자고 했을 때도 엄마는 완강히 거부했다. 엄마 성격이 원래 그러니까. 그렇게만 생각했다. 그런데 엄마를 집중적으로 돌보면서 상희는 엄마의 한쪽 귀에 이상이 있다는 걸 알게 되었다. 병원에 갔더니 의사는 고막 자체가 다 없어졌다고 했다. "이쪽 귀는 완전히 상실하셨네요." 의사의 말이 황당하게 들렸다. 그렇다고 바로 엄마에게 물어볼 용기도 나지 않았다.

집에 돌아오는 길에 엄마는 운전하는 상희의 얼굴은 쳐다보지도 않은 채 누가 내민 카드에 적힌 문장이라도 읽듯 건조한 목소리로 말했다.

"어릴 때부터 한쪽 귀를 듣지 못했다. 아무에게도 말하지 않은 채 숨기고 살아왔다. 그땐 말해봤자 누가 뭘 해줄 수 있는 형편이 아니었으니까. 그런 상황을 들키기 싫어서 사람 만나는 걸 피했다."

엄마 말에 상희는 아무 대꾸도 할 수 없었다. '아, 어떻게 이걸 모를 수가 있었나. 엄마에 대해 나는 대체 뭘 알고 있나.' 그저 미안하고 또 미안할 따름이었다. 붉어지는 눈시울을 감추며 묻고 또 물었다. 오랫동안 엄마의 딸이 아니고 싶었던 시간의 이야기를 다시 쓸 수 있을까. 엄마와 나, 두 사람의 이야기로 새로 쓸 수 있을까.

사람 그리고 제도

상희가 지역 활동 현장에서 너무 소외되지 않도록 배려하는 활동가 친구들이 몇 명 있다. 이들은 가끔 상희를 밖으로 불러내 맥줏잔을 기울이며 지금 추진하는 일에 대해 들려주기도 하고, 집으로 찾아와 아무 말 잔치를 벌이기도 한다. 하필 새로 온 요양보호사가 엄마의 몸에 적응하지 못해 쩔쩔매다 엄마를 리프트에서 떨어뜨린 날 그 친구들이 집에 와 있었다. 수시로 살필 수 있게 엄마 방 문을 반쯤 열어둔 채 각자 요새 빠져든 드라마에 대해 한마디씩 하던 참이었다. 갑자기 쿵 소리가 나더니 거의 동시에 요양보호사의 겁에 질린 비명 소리가 들렸다. 놀란 친구들의 웅성거림을 뒤로 하고 상희는 침착하게 방으로 들어가 등 뒤로 문을 닫았다.

"다행히 엄마가 다치신 데도 없고 놀라긴 하셨지만 이젠 진정되셨어."

상희가 식탁으로 돌아와 친구들의 걱정을 가라앉히자 후배 한 명이 감탄과 놀람이 뒤섞인 복잡한 얼굴로 물었다.

"언니에게 돌봄은 뭐야? 일을 아예 그만두고 돌봄에만 전념한 지도 벌써 10년이 다 돼가잖아. 말이 10년이지 나라면 엄두도 못 냈을 것 같아. 엄두를 냈다가도 벌써 오래전에 못 버티고 무너졌을 거고. 근데 언니는 늘 웃는 얼굴이고 무너질 정도로 소진되지도 않은 것 같고, 그냥 대단하다고 말하기엔…. 뭐가 더 있는 걸까? 언니만의 어떤 특별한 능력?"

후배의 질문에 상희는 씩 웃었다. 하다 보니 좌충우돌 속에서 9년 넘는 시간이 흘렀다. 주변 사람들은 그만의 내공을 묻곤 했다. 크게 감탄하는가 하면 안됐다는 표정도 감추지 않는다. 그들의 얼굴에서는, 당신이 해내는 그 일을 우리가 모두 해내야 하는 일로 만들진 말아달라는 부탁도 읽힌다. 아닌 게 아니라 상희는 그동안 음식부터 병원 출입, 재택의료, 재활치료, 용구나 기계 구입과 사용, 장애등급, 유동식과 각종 보조제에 이르기까지 초고령자 돌봄에 관해서라면 걸어다니는 백과사전 수준의 전문가가 되었다.

"자기들도 알다시피 내가 별로 스트레스를 받지 않는 성격이잖아. 유일한 스트레스는 엄마였다는 게 아이러니지. 그리고 몸은 힘들지만 엄마랑 밀착해서 이것저것 해보는 경험이 늘 재밌고 신기하기도 했어. 평생 뭘 같이 해본 적이 없었던 모녀 사이였으니까. 뭐랄까, 엄마가 오직 나를 위해 존재한다는 느낌? 그렇게 본다면 내 돌봄에는 나르시시즘의 동기가 있는 건지도 모르지. 나는 그게 나쁘지 않다고 생각해. 다른 사람들도 그런 동기나 흔적은 조금씩 있지 않을까.

그러나 나에게 돌봄은 무엇보다 돈 문제야. 내가 엄마를 이렇게 돌볼 수 있는 건 경제적 자원이 있기 때문이야. 그 자원을 마련해준 건 페미니즘이고. 2005년 호주제가 폐지되지 않았더라면 외할아버지의 독립유공자 연금이 엄마에게 오는 일은 없었을 테니까. 외할버지가 보훈처에 독립운동가로 등록된 지 딱 20년 만인 2015년에 우리 엄마 차례가 온거지. 많지는 않지만 엄마 통장에 매달 따박따박 들어와. 조금만 더 건강하실 때 받기 시작했으면 돈 걱정에서 풀려나셨을 텐데…. 아무튼 이 연금이 엄마와 나의 돌봄권을 지켜준 거지.

그리고 작은 평수나마 내 소유의 아파트가 큰 역할을 해. 여기가 수도권에서도 외곽이라 아파트 값이 싸잖아. 대출 받아 가까스로 살 수 있었어. 안 그러면 월세 내느라 쩔쩔맸겠지. 사실 돌보겠다는 결심을 해도 돌봄 비용을 위해 돈을 벌어야 하고, 그래서 돈을 벌러 나가면 돌보지 못하고, 또 번 돈은 다 돌봄 비용에 쏟아부어야 하는 악순환에 갇히잖아.

주변에서 부모 돌보는 사람들 보면 부모 돈과 자기 돈을 다 긁어모으고, 하다못해 노후연금까지 해지해도 출구가 보이지 않는 경우가 수두룩해. 그러다 결국 요양원으로 모시는 거지. 노인들은 집에서 죽는 게 소원이라고 하고, 또 자식들도 가능하면 집에서 돌보다 보내드리고 싶지. 그건 아름다운 이상일 순 있어도 현실이긴 어려워. 나는 정기적인 소득이 있으니 몸만 고생하면 되겠다 싶었던 거지.

그리고 하루 네 시간씩 요양보호사 선생님이 오시고 또 남동생 둘이 일요일 하루지만 번갈아 와서 돌보고. 그리고 왜, 경화가 나를 돌본다고 활동지원사 자격증을 땄잖아? 그래서 내가 걔네 집 근처로 이사했고. 전에 우리 엄마가 침대 밑에 깔렸을 때 한걸음에 달려와 엄마를 구했던 그 친구 말이야.

나한테 한 달에 90시간이 주어지는데 그 시간으로 경화가 우리 집에 와서 나랑 같이 저녁 지어 먹으면서 수다를 떨어. 나한테는 그게 사회적 대화야. 그리고 자기들처럼 나 고립될까 봐 신경 써주는 친구들이 있고. 이런 게 다 모여서 엄마를 직접 돌보고 싶다는 내 소망을 이룰 수 있는 거지.

그러니까 내가 선택했다지만 그 선택은 나에게 있었던 게 아닌 거야. '충분히 했어, 이제 됐어'라는 상태는 어떤 돌봄에서도 도달하기 어려워. 그런데 돌보는 사람을 돌봐주는 체계와 안정적인 자원, 손을 내미는 사람이 없으면 아예 품기조차 어려운 꿈이야.

평생 대접도 사랑도 못 받고 산 우리 엄마가 저렇게 누워
만 계셔도 존중받고 충분히 사랑받다 자연사하시는 거, 지금
으로선 그게 내 꿈이야. 내 엄마지만 일상이 전쟁 같았던 고
난의 시기에 누군가의 엄마로 악착같이 살아남았던 앞 세대
여성에게 대접해주고 싶어, 그런 말년.

그래서 나는 기본소득제 도입과 공동 노인 돌봄을 적극
적으로 추진해야 한다고 생각해. 우리 엄마한테는 내가 있었
지만, 장애가 있는 데다 비혼이고 이 작은 아파트 빼고는 벌
어둔 돈도 연금도 없는 나 같은 사람이 말년에 적절하게 돌
봄 받다가 죽으려면 그 길밖에 없지 않나 생각하는 거지."

상희의 이야기를 들으면서 친구들은 너나 할 것 없이 고
개를 주억거렸다. 가족과 돌봄이, 특히 가족 중에서도 여자
와 돌봄이 떼려야 뗄 수 없는 숙명처럼 붙어 다니는 현실에
진저리를 치면서도 내 차례가 되면 나는 어떻게 하나 하는
두려움만 앞서던 여자들이었다. 이 중에는 돌싱도 있고 상희
처럼 아예 비혼으로 살아온 사람도 있다. 앞서거니 뒤서거니
아우성처럼 말들이 터졌다.

에필로그

상희는 엄마를 돌본 지난 15년이 돌볼 권리를 소중한 꿈
으로 품고 또 실현하는 이야기로 들리길 원한다. 한번은 모

방송국 라디오에서 상희를 이야기 손님으로 초대했다. '아름
다운 우리의 노후'라는 제목의 프로그램이었다. 엄마 돌봄이
길어지면서 상희의 이야기가 조금씩 주변에 알려지기 시작
했던 터다. 프로그램 작가는 미리 보낸 질문지에서 돌봄 위
기니 독박 돌봄이니 하는 말로 인터뷰의 맥락을 알려 왔다.
상희는 자신의 엄마 돌봄 경험이 특별한 한 사람의 '영웅 서
사'나 '강요된 헌신' 이야기로 들리지 않길 원했다.

"저의 이야기가 '어쩔 수 없어서'의 이야기가 아니라 '하
고 싶어서'의 이야기가 되면 좋겠습니다. 저 개인의 경험이
라는 울타리를 넘어 시민들이 공유할 수 있는 돌봄 지도 만
들기에 디딤돌이 되길 희망합니다."

상희의 마지막 말이었다.

지금도 상희의 아침은 건넌방에서 들려오는 엄마의 아
아~ 하는 소리와 함께 시작한다. 이제 엄마가 내는 소리만으
로도 엄마의 몸 상태, 기분을 알아차린다. 저 소리는 뭐랄까,
편안한 잠을 푹 주무시고 기지개를 켜듯, 새로운 기운으로
아침을 맞이하시는 소리다. 엄마의 저 소리를 들으면 상희
역시 기분이 좋다. 언젠가 엄마의 저 소리를 더 이상 들을 수
없을 때가 올 거다. 이젠 그때가 언제여도, 모레나 다음 주쯤
이어도 괜찮을 거 같다. 엄마랑 나랑 참 잘 지내왔다, 그치?
두 팔을 한껏 벌려 기지개를 켜며 상희는 중얼거린다.

서로 돌아보며 키우는
운동의 힘

장애여성운동의
장애 · 비장애 활동가

잠수

'끝까지 가볼래.'

장애여성운동 진영에서 활동하던 시절 그가 보낸 모든 메일에는 이 말이 태그처럼 달려 있었다. 편지를 받아볼 사람에게 건네는 자기소개 겸 인사말이었다. 장애여성운동 1세대 언니들과 함께 일할 때 내면에서 보글보글 솟던 호기심과 흥분을 향한 그만의 비밀스러운 끄덕임이기도 했다.

3년 잠수 끝에 언니들을 다시 만나고 돌아온 날, 그는 예전 메일함을 뒤져 언제부터 이 문장이 사라졌는지 확인해보았다. 이 문장의 발자취를 찾아가다 보면 그때의 자기를 다시 만날 수 있을 것 같았다.

　'꼬인 채로 뒤틀린 채로, 그렇다, 생긴 대로 살고 싶단 욕망은 내 삶의 존엄을 지키며 살겠다는 다짐이다. 휘청이고 쓰러지며 실패하더라도 같이 하고 싶다는 관계의 갈망이다. 꼬인 몸과 엉킨 채 굳어버린 말들로 접혀 있던 시간과 역사를 드러냄으로써 기존 사회와 질서에 질문하고 싶다. 내 욕망은, 내 갈등과 감정은, 내 슬픔은 왜 당신들의 심장을 두드리지 못하는가.'

　마지막 메일은 생각보다 쉽게 찾을 수 있었다. 그런데 수신자가 자신이다. 메일의 저 문장들은 여전히 기억에 또렷하다. 장애여성운동 진영에 들어간 지 2년이 되었을 때, 세 번째 맞이한 워크숍의 핵심 메시지였다. 당시 뇌병변장애가 있는 활동가를 중심으로 이 메시지를 마무리하면서 그의 심장은 스스로 감당하기 어려울 만큼 격렬하게 뛰었다. 3년 만에 다시 그때의 시간 안으로 들어가며 그는 용기를 내서 질문해본다.

　'그때 나는 왜 나에게 이 메일을 보냈을까. 보내면서 어떤 기분이었을까. 받으면서 무슨 생각을 한 걸까. 나, 장애여성이 당신들, 사회 속 비장애인을 향해 묻는 저 메일 속 메시지의 송신자이며 수신자인 나는 누구인가. 자기만의 생을 외치며 집 밖으로 나온 장애여성 첫 세대인 언니들과 함께 활동하면서, 나는 매번 가슴 뛰고 성장하기만 한 걸까. 장애인과 비장애인이 함께 활동할 때 그 '함께'의 모습은 어때야 하는가, 어떤 형태로 가능할까.

이 질문을 결국 똑바로 마주 보아야 했을 때 나는 아닌 척했지만 실제로는 몹시 당황했던 건 아닐까. 워크숍이 한 차례 두 차례 세 차례 이어지면서 분명 도약하고 있다고 느꼈는데, 근데 사실은 허공에서 덜컥 겁이 나버린 걸까. 깜냥보다 훨씬 더 높이 올라와버렸다고? 저 아래를 내려다보니 안전하게 착지할 자신이 사라진 걸까.'

지난 10여 년간 운동 진영의 풍경이 많이 달라졌다. 당시는 장애여성운동 자체가 여전히 실험 단계였다. 비장애여성이, 더군다나 나이도 훨씬 어린 후배가 장애여성의 활동보조 정도를 감당하는 게 아니라 본격적으로 당사자성을 갖고 함께 장애여성운동을 책임진다는 건 실험으로서도 선례가 없을 만큼 매우 급진적이었다.

"우리는 도망가기가 어렵고, 잠수 타기가 어려운 사람들이잖아."

휠체어 세 대가 그를 둘러쌌다. 그중 한 휠체어에서 둥글고 높은 음색의 목소리가 울려 나왔다. 동료들이 옥구슬 굴러가는 소리라고 부러워하던 언니의 목소리에는 그 어떤 힐난의 기미도 없었다. 3년이 아니라 3개월쯤 물 아래 잠겨 있던 후배를 끌어올리듯 여유 있는 관대함까지 묻어 있었다.

"장애인용 특수차량을 타고 반지하 어디 산다고 네가 적어준 주소를 찍었는데 아니 왜 그 집은 안 나오고…. 가까스로 집을 찾긴 찾았는데 반지하니 우리는 내려갈 수도 없고, 아이고오 어쩌라구?"

다른 휠체어의 언니가 말했다. 함께 일할 때만 해도 힘들게나마 걷기도 했던 언니였다. 언니는 언제부터 오롯이 휠체어만 타게 되었을까. 툭하면 집으로 불러 이것저것 해 먹이던 언니의 느리면서도 날렵한 움직임이 흑백의 영화 장면처럼 눈앞에 떠올랐다.

"쉴 만큼 쉬었지? 이젠 그만 복귀하자."

세 번째 휠체어에서 걸걸한 목소리가 날아왔다. 실연으로 몸도 마음도 너덜너덜해졌을 때, 자꾸 왼쪽으로 기우는 허리를 움직움직하며 몇 시간이고 그의 술잔을 채워주던 언니. 측은하다는 건지 재밌다는 건지 알 수 없는 큰 미소를 묘하게 입가에 띠고. 그렇게 곁을 지켜준 언니 덕분에 그는 콧물 눈물로 시큼하고 짠 하소연을 늘어놓으면서도 자기연민의 늪에 빠지지 않을 수 있었다.

휠체어 세 대가 꽉 채운 식당은 웅장한 성채처럼 보였다. 그는 지난 3년간 식당 알바도 하고 시민미디어 워크숍에도 기웃거리며 기성 감독의 필름 편집도 도왔다. 가는 곳마다 내 집 아닌 곳에 발을 들여놓은 듯 어깨가 처지고 엉거주춤했다.

"끝까지 가보고 싶었어. 그런데 어느 날 아침 여느 때처럼 집을 나서는데 무서웠어. 어, 이게 뭐지? 나도 당황했어. 무서운데 왜인지 정확히 모르는 채 멍하니 길거리에 서 있다가 그대로 시외버스터미널로 갔어. 갑자기 미아가 된 것처럼 막막했으니까. 눈앞에서 길들이 다 사라지고 있었으니까. 아침마다 가던 그곳이 아닌 어디로든, 그러나, 가야 했으니까."

한 명 한 명 차례차례 언니들을 바라보며 그는 3년 전 그날의 장면을 복기했다. 자기 자신에게 하는 말인지, 언니들에게 하는 말인지 확실치 않았다.

"우리는 뭐 괜찮아. 그새 너 잠수 탔다는 사실도 다 잊었다니까. 너도 괜찮지?"

합창하듯 언니들이 한목소리로 말했다. 찔끔 눈물이 나왔다. 쪼그라든 허파에 천천히 다시 공기가 들어오는 것 같았다. 언니들이 눈치채지 못하게 슬그머니 가슴을 펴고 심호흡을 크게 해보았다.

다시 시작할 수 있을까. 뼈아픈 실패를 딛고? 깔깔깔 허리가 끊어지도록 손뼉 치며 웃고 뒹굴던 그때 그 첫 워크숍의 시간이 다시 나의 역사가 될 수 있을까. 휘고 뒤틀리고 꼬인 몸들의 욕망에 다시 스며들 수 있을까…. 있을 거야…. 언니들이 괜찮다잖아.

숨쉬기가 편해진 허파 아래서, 그는 스스로 묻고 답했다. 자기도 모르게 슬며시 입꼬리가 올라갔다. 3년 만에 의식하지 않고 웃는 편안한 웃음이었다.

다시 시작

"어서 와, 환영해! 잘 왔어."

3년간의 방황을 끝내고 장애여성운동 단체로 돌아왔을 때 놀랍게도 그곳에는 연이 기다리고 있었다. 돌아오면서도 자신을 믿기 어려웠는데 연을 보자 자신감이 몸 여기저기서 조금씩 되살아나는 느낌이 들었다.

연은 현우가 이 단체에 오기 전, 처음 장애운동을 시작할 때 만난 중증장애인이다. 같은 단체에서 함께 활동하는 동안 그는 연의 신변처리와 활동을 지원하는 파트너였다. 더 정확히 말하자면 연은 그의 스승이었다. 연은 현우에게 중증장애인에게 신변처리와 활동을 지원하는 일의 구체적 면면을 가르쳐주었다.

골형성부전증으로 서른 살이 되기 전에 이미 수십 번 부

95

러진 연의 몸을 만질 때마다 현우는 긴장했다. 수줍음이 많았던 그는 연에게 말도 못 하고 전전긍긍했다.

겨드랑이에 팔을 끼울 때 균형을 잃고 연의 몸쪽으로 쓰러지면 어떻게 하지? 아프게 하진 않을까? 휠체어에서 들어 올릴 때 혹시라도 실수로 그의 몸을 떨어뜨리진 않을까? 내가 잘못해서 또 어디가 부러지진 않을까? 화장실에서는?

긴장으로 머뭇거릴 때마다 연은 흔쾌히 세세하게 가르쳐주었다. 언제든 뭐든 혼자서 끙끙대지 말고 물어보라고도 했다. 점점 나아지고 있다는 격려도 잊지 않았다.

신변처리와 활동 지원이라는 돌봄을 매개로 연과 한 팀이 되어 장애운동을 하면서, 현우는 비장애인과 장애인이 함께 장애운동을 할 때 두 몸이 어떤 방식으로 만나는지 서서히 알아갔다. 어떤 몸도 시민적 공동체 삶에서 제외되거나 자유를 훼손당해서는 안 된다는 정의의 투쟁을 함께 할 때, 장애인의 몸과 비장애인의 몸은 지원과 돌봄의 폭넓은 상호작용 속에서 하나의 몸으로 동기화되어야 한다. 이것이 연과 함께하면서 조금씩 체화한 핵심 지식이고 깨달음이었다.

현우가 연의 활동을 지원할 때는 장애인 활동지원제도가 도입되기 전이었다. 그때 몸으로 만나고, 몸으로 알아차리고, 서로 몸을 부딪치는 협업의 핵심에 화장실 지원이 있었다. 2012년 장애인 활동지원제도가 도입된 이래 장애인 동료에게 직접 화장실 지원을 하는 비장애인 활동가는 점점 사라졌다. 장애인 동료에게 필요한 모든 돌봄은 늘 동행하는 활동지원사가 다 맡아 하기 때문이다. '화장실 활보 출신 엘리트'라는 말만 남아 이전의 풍경을 가리킬 뿐이다. 화장실 활보의 의미를 당시에 연은 그에게 이렇게 설명했다.

"현우가 내 화장실 지원을 하게 된 건 현우가 결심해서가 아니야. 내가 현우를 신뢰해서 현우에게 내 몸을 맡기겠다고 결심했기 때문이야. 이건 아무에게나 맡길 수 있는 일이 아니거든. 신뢰와 친밀한 소통이 없으면 서로 불편하고 창피해서 못 하는 일이야.

용변은 그야말로 사회생활과 사적 생활 사이에 그어진 날카로운 경계잖아. 이 경계가 무너지면 수치심이 밀려들고, 심하면 걷잡을 수 없이 자아 훼손이 일어나. 장애인이든 환자든 고령자든 마찬가지일 거야. 깊은 존중과 신뢰까지는 아니더라도 서로 편안하게 소통할 수 있는 관계라야 믿고 맡길 수 있는 돌봄인 거야.

그러니 현우가 고맙지. 매번 덤덤한 표정으로 내 뒤처리를 해주는 것도 고맙고, 우리가 이 정도로 통하는 사이가 된 것도 고마워. 그렇지 않다면 이렇게 심한 장애가 있는 내가 사지 멀쩡한 현우랑 어떻게 장애운동을 속 편히 하겠어?"

연의 말에 현우는 자신의 장애운동 활동가 정체성이 온

전히 인정받은 것 같아 기분이 좋았다. 이후에도 그는 어떻게 안아야 하는지, 어떻게 닦아야 하는지, 어떻게 어깨를 내줘야 하는지, 이동 준비를 어떻게 해주길 원하는지, 애매할 때마다 연에게 물었다.

　연과 그는 꽤 잘 맞는 파트너였다. 그래도 어긋났다는 느낌, 엉뚱한 데서 미끄러지고 실수했다는 느낌에 연의 얼굴을 제대로 쳐다보지 못한 날도 많았다. 필요한 지원을 놓치지 않되 사적이고 내밀한 곳으로 훅 들어서는 무례를 피하는 돌봄의 감각은 마음먹는다고 쉽게 배울 수 있는 기술이 아니었다.

　그러나 연을 지원하는 게 기능적 편의를 넘어 서로에게 기대는 관계의 돌봄으로 확장된다는 느낌에서만큼은 더 이상 흔들리지 않았다. 적어도 장애인과 몸과 몸으로 협업하며 운동의 형태를 조율하는 경험만큼은 제대로 쌓았다고 믿었다. 아니, 믿고 싶었다. 적어도 3년 전에 도망가기 전까지는.

　"술친구가 돌아왔으니 이제 내 생활도 다시 재밌어지겠네! 그동안 심심했어. 둘이 술 마시며 시간 가는 줄 모르고 장애운동의 비전을 논하던 때가 얼마나 그리웠는지 몰라."

　늦도록 술 마시고 귀가하던 어느 날 밤 연을 안고 계단을 오르다 다리가 휘청하면서 하마터면 연을 떨어뜨릴 뻔했던 기억이 떠올랐다. "원숭이도 나무에서 떨어질 때가 있다니까. 호호호." 또르르 말린 혓소리로 낭랑하게 웃던 연의 목소리가 생생하게 귓가에 울렸다.

장애여성운동 진영으로 활동 장소를 옮길 때 현우는 연에게 함께 가자고 말하지 않았다. 그의 호기심과 기대가 장애여성의 정체성을 중심에 둔 운동으로 이동할 때, 연은 여전히 일반 장애운동 진영에서 즐겁게 운동하고 있었기 때문이다.

그런데, 3년 만에 장애여성운동으로 돌아왔는데, 여기서 연을 다시 만나다니. 이번엔 정말 끝까지 갈 수 있을 것 같았다. 그때처럼 다시 안갯속에 잠겨 길을 잃는 것 같으면 잠시 멈추고 손을 뻗어 서로의 얼굴을 확인하면 될 거야. 묻고 답하고 다시 또 물으며 가면 될 거야. 그렇게 비장애인인 그는 장애여성들과 함께 장애운동을 다시 시작했다.

그녀들의 이야기

활동지원사와 장애여성의 관계, 장애인 활동가와 비장애인 활동가의 관계, 장애여성의 섹슈얼리티, 돌봄을 받기만 하는 게 아니라 돌봄을 하는 장애여성의 돌봄 경험 등은 장애여성인권 운동의 핵심 주제요 서사다. 탈시설 운동이 돌봄과 보호의 이름으로 자유와 사생활을 구속하는 시설에서 벗어나는 것뿐 아니라 시설화로 수렴하는 모든 규범이나 관행에서 벗어나는 걸 의미할 때, 이 주제들은 모두 탈시설 운동이다. 다시 활동을 시작한 현우는 연과 함께 그리고 신입 활동가들과 함께 이 주제들을 정교하게 가다듬는 한편, 돌봄의 관점에서 활성화하는 데 힘을 쏟았다.

연은 고립되기 쉽고 소통이 어려운 장애여성들 이야기에 집중했다. 장애가 있어서, 여자의 이야기라서 사회가 듣고 싶어 한 적 없는 이야기들. 이 이야기들을 잘 듣고 풍부하게 이해하는 것이야말로 연에게는 중요하고 가치 있는 장애여성의 당사자 활동이었다. 발달장애인뿐 아니라 자폐성 장애인, 정신장애인, 중복장애인같이 의사 표현에 어려움이 큰 장애여성 사이에서 연은 유연하게 움직이는 통역사이자 번역가이고자 했다.

그들의 얼굴이 머금은 말의 기미를 알아차리려 애쓰며 지금 즐거운지, 괴로운지, 좋은지 감각부터 나누면서 사회와 소통하는 길을 열려 했다. 어쩌면 그들 자신도 인정하지 못하는 욕망이 표현될 수 있도록 연은 꾸준히 그들의 입과 자신의 귀 사이에 말길을 놓으려 애썼다.

연은 장애여성들과 함께한 워크숍이나 개별 만남을 늘 기록으로 남겨서 다른 활동가들과 공유했다. 가끔 연은 그에게 술 한잔하자고, 슬퍼서 오늘은 그냥 집에 돌아가지 못할 것 같다고 하기도 했다. 그런 날이면 연은 이런 이야기를 저 가슴 깊은 우물 속에서 길어 올렸다.

"현우야, 너는 어때? 우리가 어떤 장애여성들을 만나지 못하고 있는 걸까? 우리 단체가 있다는 사실조차 모른 채 시설이나 집에서 갇혀 사는 장애여성이 너무 많잖아. 우리가 발달장애나 언어장애, 뇌병변장애가 있는 여성들 그리고 이런 장애가 중층적으로 겹쳐 있는 그런 여성들하고도 함께 하려면 어떻게 해야 할까. 이 여성들이 고립된 상태에서 모든 욕구를 상실한 채 무기력하게 침묵 속으로 가라앉는 걸 떠올리면 가슴이 찢어져."

연의 슬픔을 마주하고 온 날이면 현우는 연이 기록해 공유한 일지를 읽고 또 읽었다. 그 이야기들 속에 반딧불이처럼 반짝이는 답이 숨어 있을 것 같아서였다.

4월 10일

'활동지원사와 나' 3일간 워크숍을 마치고

활동지원사는 장애인의 삶의 질에 결정적인 영향을 끼친다. 장애인활동 지원에 관한 법률에 따르면 장애인에겐 활동지원사를 선택할 수 있는 결정권이 있다. 그런데도 장애인에게 주어진 건 '어떤 활동지원사를 만나는가는 복불복'이라는 위로 아닌 위로뿐이다. 활동지원사는 자기 노동 조건과 환경을 따져 지원하던 장애인을 언제든 떠날 수 있다.

장애인과 활동지원사 양측 모두의 의사결정권이 존중되는 방법은 없을까. 둘의 긴장된 관계를 이용자의 선택권과 돌봄 노동자의 노동권으로 축소해서 이해하는 건 너무 앙상하고 위험하다. 그건 개인주의적 자유주의의 틀이 여전히 강고하다는 증거다.

오히려 활동지원사와 장애인은 서로 기대고 돌보며 시소의 양 끝처럼 주도권을 협상하며 성장하는 관계로 이해하는 게 맞다. 물론 돌봄의 관계가 일직선으로 성장하는 것만은 아니다. 일 보 전진하고 삼 보 후퇴를 겪는 건 큰일도 아니다. 서로 차이를 알아차리고 존중하며 가까이 또 멀리 거리를 조절하던 관계는 갑자기 깨지고 돌보고 보호하려는 엄마가 느닷없이 다시 등장하기도 한다. 연애나 섹스처럼 장애여성에게 중요한 감각이나 욕망을 활동지원사가 이해하지 못할 때, 아니, 이해하지 않으려 할 때 특히 더 그렇다.

선혜　늘 불안하죠. 내가 이용자라지만 그가 언제든 그만두겠다고 할 수 있으니까. 5년 지나고 7년 지나도, 10년이 다 되고, 그동안 내 몸을 누구보다 세세히 아는 사람이 되었어도 말이죠. 내 몸을 돌보는 그의 손길은 편안하고 능숙해요. 그래서 더 두렵기도 해요. 그가 떠나면 나는 새로 온 활동지원사의 낯선 손길에 적응하기가 훨씬 더 어려워질 테니까요. 그가 떠나지 않아도 두려운 건 마찬가지예요. 그는 이제 더 이상 내게 묻지 않아도 된다고 생각하니까요. 알게 모르게 주도권이 그에게 넘어가고 나는 익숙함의 이름으로 통제되기 쉬우니까요.

내 장애는 점점 더 심해지고, 그 또한 몸이 점점 더 무거워져요. 나는 내 변화하는 몸에 최선을 다해 적응하려고 애써요. 그건 순간마다 힘겹고 고된 노동이에요. 쉽게 피곤해지죠. 활동지원사에게 원하는 건 나의 이 노동을 잘 이해하며 몸을 맞춰주는 조력이에요. 그런데 그는 이제 60대 후반이 되어가요. 나처럼 중증장애를 가진 사람을 돌보기엔 사실 힘겨운 나이죠.

지선　　내 활동지원사는 50대 중반이 되도록 본인 이름으로 된 적금 통장 하나 가져본 적이 없는 아줌마였어요. 집 밖에서도 이름으로 불린 적이 없었대요. 활동지원사 일이 그에겐 최초의 사회활동이었던 거죠. 처음 만났을 때 그는 뇌병변장애로 휘고 뒤틀린 내 몸을 측은해하면서 눈물을 흘렸어요. 내 말을 이해하려고 노력하기보다는 엄마처럼 돌보려고만 했어요. 나는 그게 싫었어요. 힘들지만 저항했어요. 그냥 고마워하는 건 쉬워요. 마음 편할 수 있어요.

그러나 고마워하기만 하면 늘 수동적으로 그의 돌봄 아래 있게 될 거예요. 그건 내가 원하는 관계가 아니에요. 불편함과 긴장을 견디면서라도 고마움과 저항 사이에서 균형을 잡아야 해요. 단순히 주도권을 잡고 놓지 않겠다는 게 아니에요. 그와 내가 같이 적응하고 성장해야 한다는 거예요. 실제로 내가 돌봄을 받기만 하는 건 아니거든요. 나는 그의 신세 한탄도 들어주었고, 핸드폰으로 은행 업무를 보고 기차표 예매하는 것도 알려줬어요. 그리고 사회가 어떤 차별을 대놓고 조장하는지도 알게 해줬어요. 내가 장애인 인권운동하며 이동한 공간들은 그에게도 처음 만나게 된 사회였거든요.

이야기 사이사이로 여기저기에서 '한번 안겨보면 알아요', '화장실 가보면 견적이 나와요', '첫 만남에서 이미 느껴져버려요' 같은 말들이 자조 섞인 웃음과 함께 튀어나왔다.

보영 봄비는 시간에 휠체어 타고 지하철로 이동하면 사람들이 째려보잖아요. 왜 하필 이 복잡한 시간에 무거운 휠체어를 끌고 나오느냐, 지각하게 만드느냐, 비난하잖아요. 내 활동지원사가 한번은 사람들이 알아들을 수 있게 이렇게 말했어요. "그러니까 출근할 땐 좀 여유 있게 나오셔야죠. 아예 하루 전에 나오시면 제일 안전하구요." 그 말을 들으면서 기분이 좋았어요. 우리가 '한편'이라고 느꼈어요.

지수　평소에도 신변처리 지원을 받을 때는 마음이 편치 않아요. 냄새도 신경 쓰이고, 더럽다고 할까 봐 지레 창피하고 수치스럽죠. 생리할 때도 나는 그가 성기를 깨끗이 닦아주길 원했는데 그는 매우 당황하더라고요. 나는 모욕을 느꼈고 창피했어요. 며칠을 속앓이하다 그에게 말했죠. 서로 솔직하게 말 좀 해보자고요.

모욕을 주려던 건 아니었대요. 불쾌해서 그런 게 아니라 다른 사람 성기를 만진다는 게 너무 당혹스러웠다고…. 그런데 나는 섹스할 때도 지원이 필요한 사람이잖아요. 장애여성에겐 생리조차 불필요하다고 생각하는 사람에게 내 욕망을 위해 섬세하게 지원해달라고 요청하려면 용기가 필요해요. 대화를 잘 풀어야 해요. 서로 오해와 불쾌한 감정에 휩쓸리기 쉬우니까요.

가족이든 활동지원사든 복지사든 마찬가지예요. 애인하고도 이걸 의논하려면 긴 마주침의 시간이 필요해요. 은밀함에 대한 판타지? 의논하며 배려하는 돌봄의 손길이 없으면 그건 그야말로 헛된 판타지에 불과하죠. 활동지원사와의 관계가 그렇듯 애인과의 관계에서도 주도권이 적절하게 조율되지 않으면 헤어질 결심이 중요해요. 거절의 언어가 필요해요.

단절을 선택한다는 뜻이 아니에요. 다른 형태의 지원을 원한다는, 내 욕망을 포기하지 않겠다는 뜻이에요. 실패가 두려워 시도를 포기하거나, 긴장이 불편해 수동적으로 가만히 있는 건 하지 않으려구요. 물론 언제든 가버릴 수 있다는 두려움이 있죠. 낯선 활동지원사를 만나 다시 적응해가는 과정은 상상만 해도 너무 지치죠. 피하고 싶죠. 자신이 원하는 돌봄이나 지원이 어떤 건지 명확하게 아는 장애인은 많지 않아요. 무엇을 어떻게 해주길 원하냐, 물어보지 않으니까요. 다양한 돌봄을 받아본 경험이 없으니까요. 그래서 포기하지 않는 용기가 더욱 중요해요.

4월 25일

'장애여성의 섹슈얼리티' 워크숍을 마치고
_ '활동지원사와 나' 워크숍 발표에 이어

장애인에게 선택권이 있다지만 장애인의 거절이 지지받거나 다른 장애인을 위한 모델이 되는 게 가능한가. 장애인과 활동지원사의 관계가 던지는 핵심 질문은 바로 이것이다. 특히 보호라는 이름으로 장애여성의 성적 욕망을 단속하고 제한하는 말과 장치를 거절하는 게 가능한가. 장애여성의 성적 욕망과 안전한 연애를 돌봄으로 지지하고 동행하는 이야기는 거의 없다.

장애인의 섹슈얼리티를 억압하는 사회적 환경에서 장애인에게 제공되는 성교육은 단속의 성격이 짙다. 장애여성들은 이미 틴더 등 각종 데이팅 앱을 성적 실천에 활발하게 사용하고 있고, 가해자들 역시 온라인 기반으로 접근하는 경우가 많다. 그런데도 자위든 파트너가 있는 성행위든 섹슈얼리티를 탐구하고 실천할 수 있는 정보와 기회의 지원도, 안전을 보살피는 네트워크 조성도 없다. 스웨덴에는 '잠자는 곰을 건드리지 말라'라는 말이 있는가 하면, 한국에는 '아무것도 안 하고 있다면 지금 잘되고 있는 거야'라는 말이 사회복지 종사자들 사이에서 돌고 있다.

그러나 덴마크의 섹슈얼리티 가이드라인은 이런 부정의한 관행을 거스르며 친밀한 사생활 지원에 관해 다른 의견을 피력한다. 사생활 지원이란 공적 시야 밖에서 지원하는 돌봄이라는 거다. 여기선 '아무것도 안 하고 있다면 지금 뭔가 잘못되고 있는 거야'가 주요 감각이다. 전문 상담가가 구체적인 질문과 대화로 장애인 당사자가 자기 몸을 긍정하고 성적 즐거움을 찾아가는 여정에 동행한다. 이러한 동행은 서비스를 넘어서 관계 형성의 밑거름이 된다.

장애인의 섹슈얼리티를 대하는 사회의 관점에도 젠더 편향성이 있다. 장애남성의 섹슈얼리티는 그의 남성성을 지켜주기 위해서라도 지원할 의향이 있거나, 적어도 근본적인 단속의 대상은 아니다. 그러나 발달장애남성은 잠재적 가해자로 의심받는다. 장애의 유형적 특성에 근거해 몸을 규범의 대상으로 삼고 시설화하는 거다.

성적 권리와 관련한 몸의 시설화는 시설 안에서 더욱 노골적으로 관철된다. 요양원이나 양로원, 시설, 보호 작업장 어디에서도 연애는 용인되지 않는다. 주거권 문제를 연동해서 고민해야 할 확실한 이유다. 공적 지원을 많이 받는 '취약 집단'의 섹슈얼리티 문제를 인권 차원에서 돌파하지 않으면 돌봄 문제는 급진적으로 진화하기 어렵다.

성적 권리가 피어나려면 성적 즐거움과 성교육, 성폭력이 규범화되는 것에 맞서 저항해야 한다. 또한 사회적 인정의 장치로서 활동지원사나 요양보호사 교육 매뉴얼에 성적 욕망의 예방이 아닌 지원 항목을 명백하게 넣어야 한다.

몸으로

현장을 떠났다 돌아온 비장애여성 활동가로서 현우는 비장애여성활동가가 장애여성 활동가와 협업할 때 갖는 어려움을 이해한다. 사소하지 않은 실패를 먼저 경험한 그는 신입 활동가들의 머뭇거림, 실패에 대한 두려움에 어떤 조언을 줄 수 있을까 늘 고민한다.

서로 다른 몸의 상호 의존, 서로 돌봄을 말하면서도 구체적으로 무엇을 가리키는지 모르겠다고 활동가들은 말한다. 도넛처럼 한가운데가 텅 빈 것 같다는 거다.

현장에는 정말 다양한 몸이 있다. 걷는 게 가능한 몸, 휠체어를 이용하는 몸, 실내에서 바닥을 기어서 활동하는 몸, 구어 소통이 어려운 몸, 청각장애가 심한 몸, 몹시 뒤틀리고 꼬인 몸…. 이 몸과 이 몸이 만드는 관계 중 어느 것 하나도 떨구지 않으면서 적절하게 몸과 말의 움직임을 짜고 배치하는 게 가능할까. 어떻게?

이 질문은 여러 요소가 복잡하게 뒤엉킨 다발이다. 하나하나 갈래를 풀어가며 답하기 어렵다. 장애인 활동가의 몸이 어떤지, 그 몸 언어가 얼마나 예민한지, 그 몸을 어떻게 만나야 하는지 모르겠는 신입 비장애 활동가들은 그만큼 더 꼼꼼하게 세팅해서 최대한 안전하고 효율적인 동선과 움직임을 확보하려 애쓴다.

이런 머뭇거림과 꼼꼼함에 '겁먹는 대신 다가가서 물어보면 되잖아요'라고 반응하는 건 서로 다른 몸들의 협업이 제기하는 여러 겹의 난처한 상황과 예민한 감정을 너무 단순하게 처리하는 태도다.

'말로 해야 알아?'와 '왜 안 물어봐?' 사이에서 길을 잃지 않으려면 알아차림이 활동가 개인의 감수성이나 능력이 아니라, 운동 단체의 집단 역량이어야 한다. 그리고 이 역량은 몸들이 만나 몸으로 대화를 나누는 다양한 실험과 시도, 연습으로 자라난다.

활동지원제도 도입 후 서로 다른 몸을 가진 장애인끼리, 장애인과 활동가, 비장애 활동가와 장애 활동가가 서로의 몸을 경험하며 돌봄으로써 얼굴이 있는 권리를 구현해온 동력이 약해지고 있다. 처음 장애운동을 시작할 때 연과 함께 습득하고 단련한 몸의 협업 역량이 현재까지 자기 장애운동의 근간이라고 믿는 현우로서는 우려가 클 수밖에 없다.

"내가 보고 싶고 보여주고 싶은 건, 중증장애인인 내가 매끈하게 대접받는 게 아니라 나도 그 과정에 엮여 들어가 소통하고 관계 맺는 모습이에요. 세팅은 너무 잘 돼 있는데 업무 관계에서는 왕따 당한 느낌이 들어요."

비장애 활동가들이 준비한 세팅 앞에서 한 중증장애인이 용기를 내서 이렇게 말한 뒤로, 장애인 비장애인 할 것 없이 다양한 몸이 바닥에 앉거나 누워 움적움적 소통하는 게 자연스러워졌다. 신입 활동가들에겐 시간 속에서 다른 몸들을 만나며 익히는 몸의 체화된 지식이야말로 결코 생략할 수 없는 필수다. 서로 다른 몸들이 서로를 향하지는 않은 채 '장애 해방'이라는 한 방향을 보는 경향이 강해지면 알아차리는 감각이 집단적 역량으로 자라기 어렵다.

장애인 쪽은 자신감이 사라지고, 비장애 활동가는 계속 조심스러운 상태에서 머뭇거리게 된다. 자신감을 키우고 조심스러움을 넘어서는 데는 용기가 필요하고, 또 그 용기를 지지하는 조직의 문화도 필요하다. 돌봄은 관계에 따라서 주고받는 형태나 내용, 강도가 출렁거린다. 돌봄으로 돌보고 키우는 조직 문화는 선언에서 멈추는 게 아니라, 어긋남과 실패에 따르는 감정과 마음의 역동에 같이 흔들리는 문화여야 한다.

현우는 어느새 이 단체에서 나이도, 활동 경력도 가장 많은 사람이 되었다. 오늘, 한 해를 마치고 새해를 맞이하며 마련한 활동가 파티에서 현우는 자신이 가장 소중히 여기는 깨달음 하나를 후배 활동가들에게 들려주기로 한다. 실패가 두려워 도망갔던 그날 이후로 늘 새롭게 만나곤 하는 깨달음이었다.

"장애는 그 사람의 고유성 중의 하나예요. 이 하나가 그의 다른 고유성과 연결되는 지점들을 섬세하게 살펴야 그 사람을 온전히 이해하고 만날 수 있어요. 나는 이거야말로 장애운동의 핵심이라고 생각합니다. 정책을 분석하고 제도화를 추구하는 한편으로 이 핵심이 흐려지지 않도록 우리 모두 서로를 지키기로 해요."

열심히 살아낸 한 해를 보내고 또 새로운 한 해를 맞이할 때면 늘 그랬듯이 현우와 연, 그리고 동료 활동가들은 서로를 향해 커다란 하트를 날리며 말할 것이다.

"자, 새해에는 또 어떤 멋진 일이 우리를 기다리고 있을지 기대해볼까요?"

'약해진' 남자들,
서로 돌봄에 팔 걷어붙이다

성소수자 서로 돌봄

바이러스

뉴스에서 처음 본 코로나19 바이러스의 형태와 색깔은 매혹적이었다. 위험한데 아름다운, 이미지였다. 지구에서의 삶을 공유하는 누구나 공정하게 분배받은 공포와 각성 속에서 이 위험의 이미지는 적정선을 유지하고 있었다.

그러던 중 사건이 터졌다. 이태원의 특정 클럽에 확진자가 다녀갔다는 거다. 수천 명이 접촉했을 거라고 했다. 평소엔 다문화 특정 지역이라고, 글로벌한 감각과 자유가 숨 쉬는 곳이라고 홍보되어온 장소가 오로지 정체성이 의심스러운 사람들이 모여 불온한 짓을 하는 곳으로 숙덕거려졌다.

차마 보도하지 못하고 묵혀두었다던 '찜방' 기사까지 등장하면서 음흉하고 축축한 소문이 빠르게 번졌다.

이태원은 희수에게도 특별한 곳이었다. 명절 때 원가족을 만나고 돌아온 날이면 물먹은 솜처럼 무겁게 처지는 몸으로 들르는 곳. 불필요한 질문이나 답변 없이 누군가에게 호감을 표시해도 되는 곳. 아니면 그냥 자기 자신으로 있을 수 있는 곳. 그에게 이태원은 그런 곳이었다.

바로 그 장소에, 그리고 희수처럼 그곳을 자신의 쉼터요 놀이터로 여긴 사람들에게 '바이러스', '감염' 같은 말들이 끈적하게 들러붙기 시작했다. 코로나19 성소수자 긴급대책본부가 결성되어 신속하고 현명하게 대처했다지만 게이 클럽을 드나드는 사람들에게 들러붙은 이미지는 코로나19 바이러스보다 더 위험하고 어두운 전파 경로를 타고 확산했다.

게이 커뮤니티 내부에서도 뾰족한 힐난의 목소리가 수면 위로 올라왔다. '그냥 클럽 가서 노는 거랑 찜방 가는 건 다르지.' '좋아하는 남자와 파트너 관계를 지속하는 것과 문란하게 쾌락을 좇다가 감염되는 건 다르지.' 여러 갈래의 '다르지'가 들려왔다.

나는 어느 쪽에 있는 거지? 누구에게랄 것 없이 배신감이 들면서 희수는 자기 자리를 가늠해보았다. 파트너십과 쾌락 추구 사이에 금이 그어지면서 '감염될 수 있다'의 불안과 강박이 어느덧 '감염되었다'를 향한 책임 추궁으로 떠넘겨지고 있었다. 그렇지 않아도 희수는 이 경계가 늘 의심스러웠다.

이 불안과 강박이 가리키는 바이러스가 코로나19가 아니라 HIV라는 걸 희수도, 커뮤니티 내의 다른 구성원도 모르지 않았다. HIV는 이제 당뇨처럼 약으로 관리만 잘 하면 되는 만성질환이다. 그러나 여전히 두꺼운 편견 속에서 HIV 감염에 대한 공포는 상상이고 동시에 실재였다.

2010년대 초반 Y요양병원에서 있었던 HIV 감염인 학대가 다시 떠올랐다. '감염인도 귀한 목숨이고 싶다.' 당시 HIV/AIDS 인권활동가가 외치는 말을 들으며 명치 끝에 느껴지던 통증이 생생하게 되살아났다. 무지와 몰염치의 등에 올라탄 혐오는 그때 이후 멈춘 적이 없는데 어떻게 우리는, 나는 이렇게 서로 무관한 사람처럼 살아왔던 거지? 알 만한 사람들도 감염인을 두고 빈곤할 것 같다, 일을 못 하고 있을 것 같다, 숨어 살 것 같다는 식으로 말하지 않던가.

사실 나도 그러지 않았나…. 나는 얼마나 다른가…. 나도 그들에 대해 아는 게 너무 없지 않은가…. 희수는 이 어이없는 경계 짓기와 선량한 무지에 자신의 몫도 있음을 인정하지 않을 수 없었다. 아, 어떻게 하지, 뭐라도 해야 하는데. 희수는 이제라도 자기를 휘감는 무기력과 분노를 똑바로 직면하고 싶었다.

서로 PL(People living with HIV, 인간면역결핍 바이러스를 지니고 살아가는 사람들)이라고 부르며 함께 하는 이들이 있다는 얘기를 듣긴 했었다. 다행이다, 그래도 서로 지지대가 되어주며 살고 있구나, 막연하게 생각했었다. 그게 다였다. 그런데 이젠 이들이 한국 사회에서 어떻게 살고 있는지 밀도 있게 가까이에서 경험하고 싶었다. 뭐라도 같이 하고 싶었다.

마침 읽은 어느 게이 동료의 뼈아픈 고백도 희수에겐 특별한 메시지 같았다. 그 동료는 감염이라는 상상된 공포에 휩싸일 때 거기서 벗어날 수 있는 가장 확실하고 유일한 방법은 감염이 되더라도 그 후의 삶이 가능함을 배우고 경험하는 일이라고 썼다. 건강하게 잘 사는 감염인들의 언행 하나하나가, 자신과 결부시켜 상상조차 하기 싫고 두려운 어떤 삶을 다르지만 충분히 가능한 삶으로 보여주는 스승이라고.

희수는 이 글에서 이태원 사건이 게이 커뮤니티 내부에 일으킨 의미심장한 파문을 느낄 수 있었다. '그럼에도 감염인과 비감염인 사이엔 추체험으로 건널 수 없는 피의 강물이 흐른다. 이것 또한 내 곁의 감염인과 대화하면서 마주하게 되는 겸허함이었다'는 말로 글은 끝나고 있었다.* 희수는 이 마지막 문장에 동의하면서도 동의하고 싶지 않았다.

---

* 이 부분은 '세상 사이의 터울 #10: 음압병동 402호의 귀신(完)'을 참조했다. https://chingusai.net/xe/newsletter/610829

진한 페이소스를 감추지 않은 이 고백은 감히 감염인의 고통을 안다고 자처하는 오만을 경계하는 윤리적 물러섬이라지만, 감염인과 비감염 게이 사이의 경계를 사실로 확정 짓고 있지 않는가. '건널 수 없는 피의 강? 문제는 우리 마음속을 휘젓는 낙인의 두려움이지 않아?' 희수는 직관적으로 이렇게 반발했다.

'우선 만나봐야겠다. 강이 있는지, 있다면 어떤 강인지.'

PL의 자조그룹인 S커뮤니티에 찾아갈 때 희수의 마음 상태였다.

개별 생존 서사=PL 활동의 역사

희수에게 감염인의 삶은 한 사람 한 사람의 특성 있는 개별 서사라기보다는 희붐하게 윤곽이 드러나면서 흩어지는 조각들의 집합 같은 거였다. S커뮤니티에 드나들면서 희수는 점차 개인들이 보이기 시작했다. 그곳에 모이는 사람들 이름을 다 알게 되었을 즈음에는 그들 특유의 말투와 감정에도 친숙해졌다. 무엇을 왜 필요로 하는지도 짐작할 수 있었다.

시간이 지날수록 이들이 게이 커뮤니티의 가장자리에 있거나 그곳으로의 진입이 어려운 사람들이 아니라 독자적인 커뮤니티를 형성해온 사람들임이 분명해졌다. 이들이 서로 염려하고 챙기며 지키는 끈끈한 관계를 알면 알수록 희수의 설렘도 커졌다. 기분 좋은 설렘이었다. 형님이라고 부르며 희수는 이들과 자연스레 얽혀 들어갔다. 단순히 자신보다 나이가 많아서가 아니었다. 이들의 살아온 삶을 정말 존경하는 마음이 들어서였다.

40대 후반에서 50대인 형님들은 HIV에 대한 공포가 사회를 휩쓸던 1980-90년대에 그 부정적인 영향에 고스란히 노출된 경험을 공유했다. 나 같은 사람이 어딘가에 있지 않을까, 공포와 낙인 속에서 경험을 나누고 기댈 사람을 찾는 과정에서 만들어진 커뮤니티였다. 서로 돌보며 지켜온 시간이 커뮤니티의 내적, 외적 힘인 건 당연했다.

희수는 그동안 희미하게 알고 있던 감염인들의 생존 여정을 좀 더 체계적으로 이해하고 싶어졌다. 형님들의 이야기를 근간으로 2015년 대학로에 S커뮤니티가 생기기까지의 PL 활동을 연구하면서 희수는 다음과 같은 사실을 알게 되었다.

2010년대 초반에 있었던 Y요양병원 감염인 학대 사건은 감염인의 인권이 아니라 반동성애 선전선동을 부추겼다. 감염인들은 건강뿐 아니라 사회적 삶 전체를 위협받게 되었다. 이 적대의 소용돌이 속에서 다른 누구도 아닌 자신들이 서로의 '귀한 목숨'을 지켜야 한다는 걸 깨달았다. 이미 Y요양병원에서도 감염인을 돌본 건 간병인이 된 감염인 동료들이었다. 차별과 혐오가 극심할 때 직장을 스스로 포기하거나 강제로 잃게 된 감염인들이 전화상담사로 동료 감염인을 지원하다가 아예 간병인 교육까지 받게 된 역사가 있었던 거다.

감염인이 감염인을 돌본다. 이거야말로 PL 커뮤니티 구성원들이 초창기부터 맺어온 관계의 핵심이었다. 이것이 비감염인 희수가 체감하는 S커뮤니티의 힘이고 미래였다. 크고 작은 PL 모임이 생겼다 사라지기를 반복했다. 그것은 의미 없는 단순 반복이나 실패의 역사가 아니라 서로의 돌봄 역량을 키우는 역사였다.

이 역사는 감염인을 위해 진행된 지원사업 이야기가 아니다. 감염인 당사자들의 일상을 고립이나 무기력한 자포자기에서 지켜준 서로 돌봄의 이야기다. 소소해서 눈에 잘 띄지도 않고, 체계도 없이 산발적으로 이뤄지는 것처럼 보여도 이 돌봄들이 바로 역사의 현장이었다.

커뮤니티의 기원이라 할 수 있는 인터넷 사이트 '러브포원'이 1990년대 말에 생긴 이래, 2000년대 중반부터 다음 카페 같은 곳에 감염인 온라인 공간이 여럿 등장했다. 그러다 2009년 서울역에 문을 연 '레드리본센터'에서 이들은 이름과 얼굴이 있는 관계를 맺기 시작했다. 한국가톨릭레드리본이 운영한 이 센터는 감염인들 사이에서는 통상 '서울역센터'

로 불렸다. S커뮤니티의 전사(前史)로서 레드리본센터는 특히 현재 중장년이 된 PL에게 매우 의미가 큰 장소였다. 같이 밥도 먹고 TV도 보는 곳. 퇴근 후 들르는 곳. 무엇보다 나와 같은 사람을 만날 수 있는 곳. 이곳에서 감염인들은 마음 편하게 교류했다. 함께 소풍 갈 때는 여기서 만나 출발했다. 지방에 사는 사람에게는 서울 가면 편히 찾는 거점이었다. 감염인 모두에게 꼭 필요한 주소였다.

2015년 초 레드리본센터가 문을 닫고 감염인들이 곧이어 자체적으로 대학로에 S커뮤니티를 만들 수 있었던 건 6년 가까이 레드리본센터에서 경험한 사랑방의 감각 덕분이었다. 희수는 자료를 찾아보면서, 또 현재 S커뮤니티를 함께 살아내면서, 지난 10여 년간 커뮤니티가 그야말로 PL에 의한, PL을 위한, PL의 자립 공간으로 성장해온 모습을 그릴 수 있었다.

여기 S커뮤니티에서 감염인들은 비감염인 눈치 보는 일 없이 편하게 하고 싶은 말을 쏟아내며 필요한 도움을 주고받았다. 지원의 자리에 서로를 보듬는 지지와 상담이 놓였다. 의료나 생활, 관계 영역에서 할 수 있는 한 종합 돌봄을 제공하려 서로 애쓴다. 물리적으로든 심리적, 문화적으로든 '우리'라는 연대 의식을 공유하고, 발휘하고, 재생산하는 허브다. 감염인들에게 '우리 캠프 가자', '우리 나들이 가자', '돌봄 필요하면 연락해라' 같은 초대 메시지를 계속 보내는 건 누구도 고립이나 소외의 희생자가 되지 않길 한마음으로 희망하기 때문이다.

상대적으로 젊고 경제력 있는 청년들도 여기 사랑방에서의 동료 관계와 연대를 소중히 여긴다. HIV 감염이 만성 질환이 된 후의 감염인으로서 고립되지도 외롭지도 않고 일상도 잘 지키지만, 자신의 사회심리적 소속이 어디인지 잊지 않는다.

실제로 건강하고 경제력 있고 정보력 강한 청년 세대와 기초생활수급자이며 건강도 많이 상한 중장년 세대 간에는 사회적 시선의 경험에서도, 미래에 대한 상상에서도 의미심장한 차이가 있다.

"우리는 어디 가서 사람 취급 못 받아. 비밀 유지를 잘못하면 그 길로 전락할 수 있어. 우리는 그런 위험을 안고 사는 사람인 거야."

형님들 말에는 그동안 겪은 차별과 낙인의 시선이 뒤엉켜 있다. 견뎌내면서, 떼어내려 발버둥치며, 또 어쩔 수 없이 내면화해왔다. 낙인은 같은 감염인이 아닌 사람과의 모든 만남에 침투한다. 도움을 주는 사람이나 기관에 고마움을 느끼면서, 동시에 동등한 자리에서 존중받는 게 아니라 이용당할 뿐이라는 쓰라린 감정을 떨치지 못한다.

근본적으로 자신의 섹슈얼리티를 부정하는 사람들이 건네는 도움의 손길이 어떻게 고맙기만 하겠는가. 희수 입장에서도 그 복잡하게 뒤엉킨, 모순된 감정의 갈래는 당연하다. 진료를 거부당하면 분노하면서도 '그들도 안전을 생각해야 하니까' 하며 그들 편에서 생각하기도 하는 것이다.

희수가 얼마 전에 접한 '한국 HIV 낙인지표 조사'는 한국의 감염인들이 다른 나라에 비해 매우 높은 수준의 내적 낙인을 경험하고 있다고 보고했다. 이제 항레트로바이러스약으로 관리를 잘 하면 HIV는 탐지도 안 되고(undetectable) 전파도 안 되는(untransmittable) 상태에 머문다는 게 의학적 진실이다. 그러나 여전히 현실은 HIV/AIDS에 대한 공포와 윤리적 정죄에 묶여 있다.

지난 20여 년간 자신들에 대한 시선이 크게 달라지지 않은 현실에서 형님들의 모순된 감정 또한 쉽게 정리되기 어렵다. 그걸 모르지 않는 희수도 마음이 쓰리다. 생각할수록 울화가 치민다. 그러나 희수의 감정도 하나가 아니다. 형님들이 자기들끼리 서로 거울이 되어 주고받는 속 깊은 위로, 클클, 날것으로 분출하는 농지거리를 보면 또 마음이 놓이기도 한다.

"일반인보다 게이들이 우리를 대하는 태도가 더 차별적이지."

간혹 형님들의 거친 말 속에서 튀어나오는 이 말에서 오히려 희수는 더 짙은 비애를 느낀다.

이성애 규범의 외부에서 라이프 스타일과 정체성을 실현하려는 비이성애 실천자들 역시 외모, 나이, 계급, 질병 등에 따라 규범성을 구축한다. 역설이 아닐 수 없다. 퀴어 커뮤니티는 기존의 혈연가족 중심주의에 대한 전복적 대안으로 퀴어친족생태계와 그 안에서의 퀴어한 사회적 돌봄을 제안한다. 그런데 이 대안 생태계가 PL 같은 특정 소수자를 암묵적으로 타자화한다면? 그것은 내적 모순과 균열을 가리키는 것 아닌가. 성적 소수자의 취약성을 저항으로 조직할 때 등장하는 이런 모순과 역설을 돌파하는 힘은 어디에 있을까?

희수는 이 힘을 퀴어친족생태계의 가장 주변화된 자리에 있는 PL의 서로 돌봄에서 보았다. 규범이 비난하는 바로 그 일탈의 자리에서 우연한 연결과 찰나적 친밀성이 생성된다. S커뮤니티의 PL은 이 연결과 친밀성을 필연적인 돌봄의 관계로 이어간다.

긴 시간 집중적으로 형님들과 개별 인터뷰를 진행하고 그룹 토크를 한 적이 있다. 이때 희수는 서로 돌봄에 대한 형님들의 강한 의지와 욕구를 다시 한 번 확인할 수 있었다. 너를 돌보는 게 바로 나를 돌보는 것이고, 우리의 현재를 돌보는 것이며 동시에 우리의 미래를 상상을 넘어선 현실로 만드는 길이다. 희수는 형님들 이야기에서 바로 이런 마음들을 만났다.

"벌써 내 나이 50대 후반이잖아, 60대 되면 어디 지역에 내려가 다른 PL들과 같이 살면서 나란히 함께 늙고 싶어."

그룹 토크에서 한 형님이 이렇게 말하자 다른 형님들이 "나도 같이 갈래"라며 수줍음과 애교가 뒤섞인 얼굴로, 그러나 진지하게 응대했다. 희수는 형님들의 머리 위 공기를 흔들며 휙 지나가는 어떤 빛을 본 것 같았다. S커뮤니티가 꼭 해야 할 일, 가장 잘할 수 있는 일이 무엇인지 그 자리에 있는 모두가 깨닫는 순간이었다.

이제까지 S커뮤니티를 움직이고 지탱한 동력은 동료를 살피는 마음들의 서로 마주 봄과 동행이었다. 이 마음들, 이미 존재하는 공감대, 욕구, 필요를 잘 살피고 키워서, 돌봄 관계에 구조를 만들고 실질적인 돌봄 자원으로 조직할 수 있지 않을까. 이 조직에 나도 힘을 보탤 수 있지 않을까. 희수는 두근거리는 가슴으로 자기가 꾸고 있는 꿈을 형님들에게 펼쳐 보였다. 사회복지사도, 의료인도, 정신건강 전문가도 없지만 S커뮤니티는 이렇게 중장년 PL이 이어온 경험의 역사와 기억을 바탕으로 '서로 돌봄 사업'을 시작했다.

PL, 서로 돌봄자로 다시 마주하다

'서로 돌봄 사업'의 기본 골격은 간단하다. 돌봄에 관심 있는 감염인이 일정 교육을 받고 돌봄 활동가가 되어 지원이 필요한 감염인을 돌본다. 비감염인이 감염인을 돌보는 경우는 드물다. 감염인에게도 비감염인에게 돌봄 받는 건 결코 기꺼운 일이 아니다. 자신의 섹슈얼리티와 그에 따른 생의 실천, 경로를 인정하지 않는 사람에게 취약한 몸을 맡기는 건 모욕이다. '그래도 고맙지'와 '굴욕이지'라는 감정의 균열 사이에서 자존이 찢기는 일이다. 거절하고 싶지만 거절할 권리를 갖지 못하는 돌봄이 가져오는 이 도덕적 자기 분열은 신체적 고통 이상이다. 감염인끼리 서로 돌봄을 주는 사람과 받는 사람이 된다는 의미는 여느 시민들의 돌봄 주고받음과는 다를 수밖에 없다.

형님들이 직업적인 인권 활동가로 나서는 건 아니다. 그러나 낙인과 배제, 차별의 경험 한가운데 있는 감염인의 상호 돌봄은 인권 정치학과 떼려야 뗄 수 없이 연결된다. 돌봄 활동가라는 이름은 돌봄 노동의 경제적 의미보다는 상호 인정이나 당사자 간 역량 강화에 더 큰 의미를 둔다.

돌봄 활동가도 돌봄 의존자도 모두 돌봄의 참여자이면서 당사자다. 출발점에서는 교육 받고 활동가로 인정된 사람과 이들의 돌봄을 받는 대상자로 구분되지만, 이 두 행위성이 뒤섞이는 돌봄 공동체를 지향한다.

　돌봄 활동가 양성 교육에는 돌봄을 떠올리며 그림을 그리는 시간도 있었다. 희수는 그때 교육자들이 그린 그림들이 참 좋았다. 그림에는 많은 이야기가 담겨 있었다. 사람들 사이가 늘 평화로울 수만은 없어서 긴장이 팽팽해지고 일이 꼬일 때면 희수는 이 그림들을 다시 들여다보았다. 잎이 무성한 나무가 있는가 하면, 사이즈가 큰 소파가 있다. 나무 아래에선 사람들이 쉬고 나뭇가지에선 새들이 지저귄다. 소파 위에 비스듬히 누운 사람들, 소파에 등을 기댄 사람들. 돌봄에 대해 각자가 품은 느낌과 욕구, 불안과 희망이 보이고 들렸다. 물론 편히 쉴 수 있는 나무를 그렸지만 막상 해보니 나무 아래 땅이 너무 차갑거나 딱딱하고 울퉁불퉁하다. 나뭇가지는 잎도 없이 앙상하고…. 그러나 이런 문제들을 함께 맞드는 것 또한 서로 돌봄 활동이지, 느리게 가는 거지, 희수는 생각한다.

　동료 감염인이 제공하는 돌봄에는 병원 동행이 우선순위에 있다. 시력이 좋지 않아서, 편마비가 있어서, 인지장애가 있어서 이동이 어려운 이를 데리고 간다. 그러나 더 큰 이유는 의료 차별이다. 감염인들은 병원에 갈 때 가장 불안하고 예민해진다. 이때 평정을 잃지 않도록 대리하고 보호할 사람이 필요하다. 각종 검사, 수술 때는 보호자 역할도 한다. 필요하면 병원장과의 싸움도 마다하지 않는다.

의료진들이 차별하면 그들도 그럴 만하지, 두렵겠지 하며 견뎌왔는데 이제 대항해 싸우기도 하다니! 돌봄 활동가와 팀이 되니까 이런 용기도 가능하구나! 이 첫 경험은 돌봄 활동가나 대상자 모두에게 뚜렷한 성취감과 자기 존중감을 안겨준다.

나를 앞에 두고 간호사들이 비밀스러운 눈빛을 교환할 때, 채혈실 안에서 '에이즈'라는 소리가 들릴 때, 할 수 있다고 하더니 감염인이라는 걸 알고는 돌연 그런 검사 여기선 하지 않는다고 할 때, 그때 나는 얼마나 외로웠던가. 어떤 표정, 어떤 말로 따져 물을 수 있는지 알지 못한 채 분노와 수치심으로 허둥대던 그때의 나는 얼마나 헐벗었던가.

동료 활동가는 문제가 생겼을 때 나를 방어해주는 사람이다. 더 넓은 일상의 수준에서 동료 감염인이라는 존재는 나한테 들러붙은 죄책감과 수치심을 내게서 떼어내주는 사람이다. 물론 수치심이나 자긍심은 탈부착이 가능한 사물이 아니다. 체화된 감정이다. 그렇기에 수치심과 자긍심이 뒤섞인 상태를 견인하는 힘은 각자의 노력이 아닌 집단적 상호 참조 속에서 만들어진다. 동료 돌봄 활동의 활성화가 중요한 이유다.

시장에 같이 가서 장도 보고 음식을 만들어 먹는 일상의 일들도 돌봄 활동이 된다. 사람들 북적이는 곳에 가는 게 심리적으로 너무 힘들어서 오랫동안 옷을 사지 못한 채 살아온 이가 함께 옷 사러 가자 부탁하면 그날의 돌봄 활동은 옷 쇼핑이 된다. 시장을 한 바퀴 돌고 나면 대상자는 바지와 셔츠를 네 벌씩 담은 비닐봉지를 흔들며 기분이 좋아져서 돌아온다. 조리대, 화장실, 옷들이 마구 뒤섞여 쌓인 옷장 등 집도 같이 정리해준다. 대상자가 먹어야 할 약을 꼬박꼬박 잘 먹는지 챙기는 것도 중요한 돌봄 활동이다. 특히 대상자가 우울증이 심해질 때면 약 복용에 각별히 신경 써야 한다.

돌봄 대상자 중에는 여행 자체를 가보지 않은 사람이 생각보다 많다. 그냥 같이 단풍 보러 가는 것만으로도 의미가 있겠구나 싶어 여행도 기획한다. 한번은 국립공원을 다녀오는데 편마비가 있는 한 형님이 산에 오르기도 전에 힘이 빠져 주저앉았다. 그는 돌봄 활동가와 나란히 버스에 머물면서 내내 얘기만 했는데 공원을 다녀온 다른 동료들에게 두 사람 모두 아주 뿌듯한 시간이었다고 했다. 감염인 동료들 간의 서로 돌봄은 이렇게 다양한 관계성을 실험하고 형성한다.

이런 다양한 활동은 모두 감염인의 돌봄 받을 권리를 확장한다. 대상자는 자기 몸과 마음, 일상 유지 능력의 상태를 스스로 진단해 원하는 바를 알려준다. 활동가는 그의 인격을 지키면서 대상자에게 맞춘 돌봄을 제공한다. 감염인이라는 사실 하나만으로 그의 고유성이 졸아들지 않도록 한다.

'약해진' 남자들의 몸 지식과 돌봄 능력

형님들의 돌봄 능력은 어떻게 얻어진 것일까. 감염인이라는 위치가 돌봄의 관계를 가능하게 만드는 건 분명하다. 형님들은 가부장제 사회의 약해진 남자들이다. 중년 남성으로서의 위치를 과시해보기도 하지만, 게이 남성이면서 수급자, 감염인이라는 정체성으로 이들이 가부장제 시스템 안에서 누릴 권력의 지분은 거의 남아 있지 않다.

남은 건 산발적으로 하나둘 쌓아온 게이로서의 라이프 실천과 커뮤니티 관계성 그리고 몸으로 알게 된 질병에 대한 지식이다. 누가 어디에 입원했다 퇴원했고, 아팠다가 회복됐고, 뼈가 약해지고, 무슨 약이 어떻고…, 병과 함께 사는 존재로서 몸에 대해 체화한 이해가 많다. 몸이 더 안 좋아지는 처지가 나의 가까운 미래일 수 있다는 생각도 있을 것이다. 어떻게 하면 더 잘 살 수 있을까를 고민할 때, 50밖에 안 된 형님들은 앞으로 살 20-30년이 고민일 테고, 관계 노동인 돌봄 노동을 통해 미래에 자신을 지켜줄 돌봄 연결망을 확보하는게 실질적인 관심일 테다.

그런데 약해진 남자인 형님들은 동료 감염인을 돌볼 때 스스로 취약한 위치로 떨어질 확률도 높다. 저 자리에 내가 있을 수 있다는 감각은 과도한 감정이입, 상대방을 제대로 돌보지 못한다는 불안, 죄책감으로 내몬다. 돌봄에 필수인

거리 조절이 잘 안 되는 거다. 그래서 두세 명씩 모여 상담선생님에게 받는 슈퍼비전이 매우 중요하다. 돌봄 대상자의 상황이 너무 안타깝거나, 그가 겪은 일에 너무 분노해 조절이 안 되거나, 돌봄 대상자가 사망했을 때 마음이 무너져내렸다거나. 슈퍼비전에서 이들은 비로소 마음을 터놓는다. 지나치게 의존도가 높은 고령자 감염인이 주는 스트레스도 만만치 않다. 돌보던 이가 요양병원에 입원했는데 빼내달라고 계속 전화하고 문자를 보내면 도망가고 싶을 정도로 괴롭다. 실무진이나 다른 동료의 2차 돌봄의 동심원은 이 사업의 또 다른 필수다.

다시 열리는 시간

이제 다른 감염인 지원 단체나 의료기관에서도 감염이나 감염인에 의문점이 생기면 희수네 단체로 문의한다. 감염인 당사자들이 문제를 가장 잘 이해하고 해결책도 가장 진지하게 고심할 전문가로서 자격을 인정받는다는 게 희수네 사람들로서는 정말 뿌듯하다.

희수는 S커뮤니티 사무실에 처음 갔던 날의 장면을 잊지 못한다. 어찌나 시끄럽게 끝없이 떠들던지! 중학생들이 서로 욕하고 놀리고 장난치면서 떠드는 것처럼 말이 왁자지껄 넘쳐흘렀다. 사회에서는 감염인들이 보이지 않고 들리지 않는데 세상에나 이렇게 말들이 많다니! 그런데 왜 사회에서는 보이지도 들리지도 않는 걸까? 그때부터 희수는 골똘히 묻고 답하길 반복했다. 감염인들이 집 안에 틀어박혀 있지 않으면 좋겠다, 밖으로 나오면 좋겠다, 사람들과 관계를 맺고 좀 더 다양한 삶의 가능성을 욕망하고 누리면 좋겠다. 이 왁자지껄 시끄러운 쾌활함과 활력의 관계를 어떻게 하면 지속가능한 공동체로 조직할 수 있을까.

"처음 만났을 때 얘 몸매가 좋아서 관심이 갔거든. 근데 지금은 얘가 관리를 안 해서 살이 쪘잖아. 이제 관심 없어."

"작년 가을에 말야, 우리 캠프 했잖아. 그때 온 그 꽁지 머리한 애, 걔 참 괜찮았는데."

별 의미도 없고 새로운 것도 없다. 그러나 킬킬거리며 웃고 떠들다가 또 눈치 보지 않고 욕하면서 반복하는 그런 허접한 이야기들이 형님들을 결합하는 아교풀이고 그 관계를 활성화하는 에너지다.

그러니 단지 동질성을 느낀다거나 서로 검열하지 않는다는 차원을 넘어 다른 환우회에서는 느낄 수 없는 문화적이고 관계적인 에너지를 되살리는 일이 공동체 조직의 열쇠일 것이다. 감염인으로 나이도 들고 외모도 시들어서 이제 닫혀버린 그 세계를 다시 활성화할 수 있다면, 형님들이 다시 그 관계의 역동으로 들어갈 수 있다면! 이것이 '서로 돌봄' 프로그램을 지키는 희수의 열망이다. 희수는 자신의 열망을 둘러싼 형님들을 느낀다. 서로 간지럽히고 두들기고 밀고 당기며 생생활활(生生活活) 에로스 에너지를 자극하는 시간이 그들을 기다리고 있을 것이다.

죽음을 상실한 시대,
'나의 죽음'을 찾아서

호스피스 완화의료

"우리가 죽음을 오롯이 만날 일이 없잖아요. 죽음의 과정을 동행하는 건 더군다나 경험하기 어렵구요. 주로 드라마에서 전시되는 죽음을 볼 뿐인데, 거기엔 과정이 없죠. 그러니 죽음을 안다고 할 수 없고, 죽음을 모르니 삶을 안다고 하기도 어렵지 않겠어요? 마치 영원히 오지 않을 것처럼 죽음을 아예 상상조차 하지 않으며 살 때, 그 삶은 어떤 삶일까요?"

마르타 수녀님의 목소리는 나지막하고 작았다. 강연장 뒤편에서 채연은 혹시라도 놓치는 말이 있을까, 고개가 자꾸 앞으로 기울었다. 귀를 세우고 몰두해서 듣다 보니 목소리에 실린 힘이 느껴졌다. 자신이 무엇을 말하고 있는지 잘 알고 있을 뿐 아니라 자신이 하는 말을 스스로 굳게 믿는 사람의 목소리였다.

"죽음을 배운다는 건 죽음을 삶의 끝자락으로 그리고 동시에 다른 삶의 시작으로 이해하는 겁니다. 좋은 죽음은 좋은 삶과 뗄 수 없어요. 죽음을 돌보는 건 삶을 돌보는 것이죠. 우리가 어울려서 같이 사는 거, 같이 살다가 또 죽음을 곁에서 지키는 거, 그게 돌봄이에요. 따로따로 떼어서 생각하지 말고, 하나로 살아내야 합니다.

하나의 삶은 하루와도 같아요. 오늘 하루를 꽉 차게 살고 죽음을 맞이하듯 마무리하면, 내일이라는 다른 시간이 또 새로운 삶으로 시작됩니다. 죽음은 늘 보이는 곳에 함께 있어요.

수도회에서는 외출할 때 방을 깨끗이 정리하고 나갑니다. 내가 더 이상 존재하지 않아도 아무런 문제가 생기지 않도록 하는 거죠. 사람과의 관계에서도 마찬가지입니다. 누구에게도 나중에 해야 할 말이나 건네야 할 감정을 남겨두지 않습니다. 잔여를 남기지 않는 삶에 익숙해지면 죽음 앞에서 그렇게 막연한 두려움에 사로잡힐 일은 없을 거라고 수도회에서는 가르치죠."

앞으로 기울어 있던 몸의 긴장을 풀며 채연은 노트에 적는다. '하루, 하나의 삶, 하나의 죽음.' 암호처럼 세 문구를 쓰고 난 채연은 머릿속으로 가만히 되뇌어본다. 하루처럼 하나의 삶과 하나의 죽음을 하나의 과정으로 산다는 거지…. 선명하다. 화두로 삼기에 딱 맞춤이다.

죽음에 휩쓸려 가기 전에

어떻게 죽을 것인가. 60대 중반을 넘어선 채연에게 이 질문은 더 이상 커피와 케이크를 앞에 두고 교양 차원에서 주고받을 대화의 소재가 아니다. 100세 시대, 아니 120세 시대라지만 채 60살도 되지 않아 죽는 사람도 의외로 많다. 올 한 해 동안에도 채연의 주변에서 벌써 세 사람이 그렇게 이른 죽음을 맞이했다. 모두 예기치 않은 죽음이었고, 제대로 된 작별의 과정도 없었다. 그러다 보니 애도도 빌린 옷을 잠시 입었다 벗는 것처럼 조금씩 어긋나고 헐거웠다. 고인과 함께한 시간과 장소를 떠올리며 고인을 남아 있는 사람들의 기억 속에 정성껏 들인다는 의미의 애도는 사치처럼 느껴지기도 했다.

사람들은 죽음이 바로 코앞에 도래하기 전까지는 죽음을 말하는 것도, 떠올리는 것도 너무 어색해한다. 앞서거니 뒤서거니 같이 늙어가는 사람들 사이에서 가끔 죽는 것보다 늙는 게 걱정이라는 이야기가 나오긴 하지만, 이상하게도 이 주제는 진지한 대화 거리가 되지 못했다. 진지한 형태로 등장해도, 대화에 참여한 이들이 자기 이야길 한다고 하는데도, 먼 이웃 마을 누군가의 이야기처럼 허공에서 겉돌았다.

"가끔 생각하곤 해. 내가 죽으면 제일 먼저 나를 발견할 사람은 일주일에 한 번 집에 오는 아줌마일 거야."

"아니다 싶으면, 죽기로 맘먹는 거지 뭐."

"급사나 횡사가 최곤데."

"본인에겐 그게 최고일지 몰라도, 장례 치러야 하는 사람에겐 최악이지."

굵고 날카로운 철조망이 처져 있듯 딱 이쯤에서 대화가 멈추곤 했다. 그럴 때마다 채연은 의아했다. 죽음에 관해서, 어떻게 죽을 것인지에 대해서 좀 더 진지하게 이야기를 나누고 싶었다. 죽음이 이렇게 모든 곳에 엄연한데, 왜 죽음에 관한 이야기는 이토록 부재한 걸까. 이건 도대체 어떤 금기일까. 답답한 심정으로 채연은 죽음, 완화의료, 호스피스 등에 관해 들을 수 있는 자리를 찾아다니게 되었다.

마르타 수녀의 강의는 '죽음 교육'이라는 큰 주제 아래 펼쳐지는 워크숍의 일환이었다. 채연에게 이 워크숍을 소개한 지인은 마르타 수녀가 20년 넘게 호스피스 활동을 해온 사람이라고, 호스피스가 국가의 복지제도로 도입되기 전부터 지역과 질환을 가리지 않고 다양한 환자의 죽음길에 곁이 되어주면서 죽음에 내공이 깊어진 사람이라고 했다.

처음 마주한 마르타 수녀는 회색과 흰색의 수녀복 아래에서 매우 말라 보였다. 세속의 욕심을 늘 덜어내며 살아서일까, 죽음길에 나서는 이들의 원망과 소망을 들어주곤 해서일까. 저렇게 약해 보이는 몸으로 어떻게 쓰러지지 않고 매번 긴급 요청에 바로바로 나설 수 있을까.

그러나 그의 말은 투명했고 견고했다. 흔들림이 없었다. 채연은 마르타 수녀의 말을 들으며, 저렇게 흔들림 없는 사람이 함께 하는 죽음길은 그래, 단단하겠지, 생각했다.

그동안 채연이 배운 바에 따르면 견디기 어려운 통증을 비롯한 신체적 고통을 가능한 한 완화해주는 거야말로 모든 완화의료나 호스피스의 기본이다.

호스피스 완화의료는 병과의 싸움에서 승리하는 것을 목표로 삼는 치료와는 다른 관점으로 환자를 대한다. 더 이상 치료할 수 없을 때 환자를 진정으로 돌보는 의사라면 호스피스를 권하게 된다. 왜 나를 포기하느냐고, 환자가 오해하거나 절망하지 않도록 충분히 설명해줘야 한다.

전문병원에서든 집에서든 호스피스는 환자의 생애사 안에서 환자의 인격을 중심에 두고 통증의 맥락을 짚어 조절한다. 신체적 고통은 심리적·정서적 고통과 분리할 수 없이 혼합되어 있고, 생의 마지막 시간에 목숨이 겪는 모든 일은 사람들이 살면서 마음이 겪는 일이라고 여겼던 것이기도 하다.

전문병원에서 호스피스 완화의료가 팀제로 이루어지는 것도 이 때문이다. 완화의료 의사와 통증을 관리해주는 간호사, 환자뿐 아니라 보호자의 곁이 되어주는 사회복지사, 슬픔을 달래주는 심리상담가, 영적 대화를 나눌 수 있는 성직자, 환자를 산책시키고 목욕시키거나 씻겨줌으로써 보호자를 쉬게 해주는 자원활동가, 환자가 소화하고 삼킬 수 있는 음식을 마련하는 영양사. 이들이 힘을 합쳐 환자에게 가장 적절한 돌봄을 제공한다. 환자가 가장 평화로운 상태에서 자기만의 죽음을 맞이할 수 있도록 돕는다. 병원에서 맞는 죽음 또한 객사로 이해하는 한국의 문화 전통을 고려할 때 집에서 받는 호스피스 역시 적극적인 고려의 대상이다.

제도적 지원과 함께 호스피스 완화의료에 대한 인지도는 서서히 높아지고 있다. 그러나 호스피스 제도 이용이 암, 후천성면역결핍증, 만성폐쇄성호흡기질환, 만성호흡부전, 만성간경화로 한정됨으로써 사실상 이 제도의 도움을 받는 이들은 거의 말기암 환자다. 이건 동의하기 어려운 제한이라는 게 전문가들의 의견이다.

채연이 보기에도 그렇다. 호스피스 동행은 죽음이라는 엄청난 사건을 겪는 모든 이에게 제공되어야 하는 거 아닌가. 파킨슨병 환자나 심한 욕창 환자, 요양원에 집단으로 수용되다시피 누워 있는 노년들은 어떻게 하나. 그리고 제도권

밖에 있는 빈곤하고 병든 이들은? 정작 가장 도움이 필요한 이들이 사각지대에 방치되고 있지 않은가.

죽음의 문이 열릴 때

마르타 수녀는 말기 환자가 겪는 고통의 여러 얽힘을 관통하는 두려움에 대해 말해주었다. 숨쉬기가 어려울 때, 물 한 모금 삼키는 것도 힘들 때, 혈관 주사 하나도 더 이상 놓지 못할 정도로 살은 없고 뼈만 남았을 때, 허리가 반으로 꺾이도록 참을 수 없는 통증이 몰아칠 때, 그 모든 통증은 가까이, 이미 너무나 가까이 와 있는 죽음을 가리키기에 더욱 고통스럽다. 낯설고 어두운 죽음의 문이 열리고 있다는 감각은 견디기 어려운 두려움으로 환자를 사로잡는다.

"이 두려움의 손아귀에서 해방케 하는 게 환자의 인권을 지켜주는 일 아닌가요?"

마르타 수녀가 숨을 고르고 말을 이어갔다.

"죽음의 문이 열릴 때 그 틈새로 새어 나오는 건 축축하고 어두운 파멸의 기운이 아니라, 환하게 빛나는 새로운 생의 기운입니다. 우리가 가야 할 본연의 곳으로 인도하는 빛이죠. 저는 이걸 계속 이야기해드려요. 그러면 환자도 가족들도 차츰 마음의 평안을 얻게 됩니다. 그래야 남은 시간에 환자가 가장 하고 싶은 일에 몰두할 수 있게 되구요."

가톨릭 신앙 안에 있는 사람은 마르타 수녀의 이 말에 더 깊은 믿음과 신뢰를 보낼 것이다. 그렇지만 마르타 수녀가 조용하게 강조하는 저 환하게 빛나는 새로운 세계의 열림 앞에서 채연은 한 걸음 뒤로 물러난다. 그래, 저건 은유라고 하자. 각자의 해석이 붙으면 되는 거지. 저건 사실이 아니라 믿음의 일이니까. 마르타 수녀의 말은 채연이 잊고 있던 장면을 먼 기억에서 불러냈다.

채연의 아버지가 마지막 숨을 거둘 때였다. 어머니는 뼈만 앙상하게 남은 아버지를 품에 안고 아버지 얼굴에 자기 얼굴을 맞닿을 만큼 가까이 댄 채로 열에 들뜬 듯, 황망하게 물었다. "천사들이 내려오는 게 보여요? 보이죠? 보인다고 말해요, 어서!" 지금 그 확답을 받지 못하면 아버지가 천국에 가지 못했을 수도 있다는 생각에 영원히 괴로워할 거라는 듯이.

숨도 제대로 쉬지 못하고 눈도 이미 반쯤 감긴 상태에서 아버지는 "응"이라고 말했다. 말이라기보다 옅은 신음이 흘러나온 것에 지나지 않았지만, 어머니는 이미 천사들의 호위를 받으며 찬란하게 빛나는 하늘나라로 올라가는 아버지를 보고 있었다. 10년 넘게 수발한 어머니에게 아버지가 주고 간 마지막 선물이었다. 큰 선물이었다. 인지장애가 오기 전까지 어머니는 "얼른 니네 아버지한테 가야지"라고 말하곤 했고, 채연 자매들은 자매들대로 어머니의 증세가 위중해질 때마다 "이제 맘 편히 천국에서 기다리는 아버지한테 가세요"라고 말하곤 했다.

일상에서 흔히 상용어구로 사용되는 이 말은 채연 가족에겐 하늘나라라는 구체적인 믿음의 장소와 연결되어 있었다. 어머니의 믿음 안에서 환하게 빛나는 새로운, 아니 그야말로 참된 세계는 진실했고, 채연 자매들 역시 그 진실 안에 평화롭게 머물 수 있었다. 그러나 그건 어머니의 믿음 안에서 작용하던 서사였지, 이제 자기 죽음을 이해하려는 채연의 서사는 아니었다.

다른 누구가 아닌 '나의 죽음'

채연은 몇 년 전부터 이 나이가 되었으니 언제 죽어도 이상하지 않다고 여기게 되었다. 여기저기 안 아픈 데가 없다는 몇몇 골골하는 선배들의 말을 귀가 아니라 가슴으로 듣기 시작했다. 자연스레 죽음에 관한 생각도 깊어졌다. 삶에서 가장 중요하고 위험한 치료를 앞둔 환자는 자기 생의 이야기를 스스로 선택할 권리가 있다고 미국의 어느 의사는 말했다. 그런데 자기 생의 이야기를 선택하기에 앞서 자기만의 죽음을 이해해야 하지 않을까.

죽음의 필연성은 개인의 삶에 보편적 경계를 만들지만,

'나'로 죽기 위해서는 각자가 자기만의 죽음 이해에 도달해야 한다. 그래야 죽음에 드리운 저 막연하면서도 위압적인 두려움이 걷힐 수 있으며, 죽음까지 포함한 자기만의 생이라는 그림이 그려질 수 있지 않겠는가. 마르타 수녀의 이야기를 들으면서 채연은 자기 죽음의 이해라는 묵직한 화두를 더 구체적으로 마주한 셈이었다.

마르타 수녀는 호스피스 과정에서 환자의 손을 잡아줄 마지막 사람이 가족이면 제일 좋다고 말한다. 환자의 손과 가족의 손이, 환자의 마지막 숨결과 가족의 눈길이 따스하게 만날 수 있도록 돕는 게 자기가 하는 일이라고 덧붙인다. 그는 호스피스 동행에서 제일 중요한 사람은 환자이며, 환자가 무엇을 원하든 그것을 지켜주는 게 최우선이라는 말을 여러 번 반복한다.

너무나 당연한 이야기 아닌가 싶었지만 이 당연한 일이 종종 지켜지지 않는단다. 다들 집에서 죽고 싶다고 하는데, 그럴 수 있으려면 우선 삶의 마지막 시간까지 집에 머물 수 있어야 하고, 이 집이 환자가 '나의 집'이라고 느낄 수 있는 곳이어야 한다.

위급한 상황이 와도 119를 부르는 대신 집에서 임종할 수 있게 절차를 밟아달라고 보호자와 미리 논의해두어야 한다. 그렇지 않을 경우 임종실조차 없는 병원의 어수선한 처치실에서 생을 마감하는 일을 당할 수도 있다. 환자가 본인 의사를 명확히 했어도, 임종 교육을 하면서 위기 상황이 닥치면 무서워하지 말고 밤이건 낮이건 연락하라고 당부해도 다 잊어버리고 119를 부르는 보호자가 적지 않다고 한다.

일단 응급실로 가면 도울 방법이 없다. 환자가 이미 작성한 연명의료의향서도 존중받지 못할 확률이 높다.

"보호자는 어떤 상황에서도 침착해야 합니다. 호스피스에서는 보호자나 가족도 함께 돌봄을 받아야 합니다." 마르타 수녀가 강조했다.

죽음은 서로 나누는 삶

환자가 원해도 집에서 죽음을 맞이하기가 어려운 건 그를 돌보는 가족들의 두려움 때문이기도 하다. 다가오는 죽음과 그 죽음의 과정에서 피할 수 없는 고통은 환자 자신뿐 아니라 가족에게도 두려움을 안긴다. 생명이 몸을 떠날 때 환자에게 닥칠 통증과 고통을 어떻게 직면할 것인가. 제대로 해낼 수 있을까. 환자에게 가장 필요한 게 무엇인지 모르면 어떻게 하지?

죽음은 내가 아닌 타인이 죽음에 이르기까지의 과정으로만 만나는 것이기에 처음부터 끝까지 타자로 머문다. 내 것이 아닌 그 과정에 내가 개입하거나 아니면 방관자로 머물

러야 한다는 건 심리적 부담을 넘어선 윤리적 부담이다. 개입은 두려운 것이지만 그러나 용기 내어 개입할 때 비로소 죽음을 나눌 수 있다.

죽음이 공동체의 사건일 때 사람들은 죽음을 공유했고, 그럼으로써 죽음의 타자성이 던지는 위협적인 그물망의 포획에서 벗어날 수 있었다. 그러나 지금은 죽음이 철저하게 개인화된 시대다. 이 시대에 선택지로 주어지는 게 병원이고, 호스피스 완화의료는 병원이 아닌 집에서 죽을 수 있게 촉매 역할을 한다.

마르타 수녀 자신은 환자에게 가서 철퍼덕 앉아 식구처럼 두런두런 흘러가는 대로 이야기를 나눈다. 통증에 대해서도 묻고, 뭘 드셨냐, 잠은 어떻게 주무셨냐, 기분은 어떠셨냐 묻는다. 그러다 보면 환자가 마음을 열고 자신의 이야기를 풀어놓기 시작한다. 일주일에 한 번 두 번 가서 30분에서 한 시간 정도 이렇게 머물면, 환자도 보호자 가족도 서서히 죽음을 수긍하게 된다.

"죽음의 시간은 생명의 순환 속에서 함께 준비하고 함께 맞이하는 시간이에요. 예전에는 새 생명도 집에서 태어나고 혼례식도 집에서 하고, 집에서 아프다가 집에서 죽고 집에서 장례를 치렀잖아요. 그때는 죽음이 절망이 아니라 다른 생명으로 이어지는 순환이었어요. 죽음으로 가는 길은 생명이 순

환하는 시간을 지나는 길이었던 거죠. 이 길이 어떤 굽이를 만드는지, 어디쯤에서 멈추는지 조바심할 필요가 없었어요. 그런데 지금은 환자 상태가 안 좋아지면 가족이 '언제쯤'인가를 계속 물어요. 환자가 삶에서 죽음으로 잘 넘어갈 수 있도록 동행하는 건 '언제쯤'이 아니라 '어떻게'를 묻는 일이어야 하는데 말이죠."

마르타 수녀는 20여 년 환자를 호스피스 돌봄으로 동행하다 보니 환자도 가족을 기다려주고 가족도 환자를 기다려준다는 걸 알게 되었다고 했다. 그 시간을 잘 맞출 때 죽음 이후에도 관계가 평화롭게 이어지더라고 했다.

그때 참여자 한 명이 손도 들지 않은 채 불쑥 물었다.

"그런데 집이란 어떤 곳일까요?" 약간 꿈을 꾸듯 몽롱한 목소리였다. 여기저기서 수런수런 말들이 새어 나왔다.

"집이라고 부를 수 있는 거는 건물, 방, 이런 게 아니라 내가 좋아하는 어떤 관계가 있다든가 내가 의지하고 신뢰하는 관계가 있는 곳 아닌가요?"

"사생활의 자유가 보장되는 거겠죠."

"소중한 사람의 왕래가 지속되는 곳 아닌가?"

"먹고 싶을 때 먹고 자고 싶을 때 자는 곳이요."

사람들이 하는 말을 조용히 미소로 듣고 있던 마르타 수녀는, 믿고 의지할 수 있는 사람이 환자를 중심에 두고 돌보는 곳이 집 아니겠냐고 말한다. 그리고 환자 중심이라는 게 실제로 얼마나 지켜지기 어려운지, 예를 들려주겠다고 했다.

"환자가 병원에 가서 진단 받을 때, 상태가 안 좋을수록 의료진이 '보호자분, 잠깐 저 좀 보시겠어요?'라고 할 때가 있잖아요. 제가 만난 어느 50대 남성은 이 문제로 마음이 몹시 상해 있었어요. 폐암이었고 이미 다른 장기로 전이되어서 예후가 안 좋았는데 의사는 가족에게만 이 사실을 알렸고, 또 가족들은 자기들끼리만 비밀스럽게 소곤거린 거예요.

환자의 호소를 듣고 가족에게 그 이유를 물었더니 '어떻게 말해요? 차마 못 하겠어요'라고 해요. 그래서 제가 가족들이 모두 있는 자리에서 서로 다 터놓고 이야기하는 게 좋지 않겠냐고 제안했죠. 가족들은 울고불고 난리가 났죠. 오히려 당사자 남성이 덤덤하게 자기가 느끼는 두려움과 불안을 말했어요. 자기는 병원 가는 게 너무나 두렵고 싫다. 가면 좋지 않은 소리만 듣지 않냐.

그럼 병원 가는 일을 멈추고 우선 통증을 조절해보자고 제가 제안했어요. 처음에는 부인도 자식들도 놀랐지만, 통증이 조절되면서 모두 어느 정도 마음의 평정을 되찾았지요.

저는 말기 환자에게 죽기 전에 원하는 게 뭔지 꼭 물어봅니다. 이번에도 물었더니 남자가 그래요. '내가 정말 죽는다는 거잖아요? 죽기 전에 꼭 드럼을 치고 싶어요. 그런데 숨쉬기도 어려운데 무슨 드럼이냐고, 아내가 못 하게 해요.' 제가 경험해봐서 아는데요. 하다가 힘에 부치면 환자들이 알아서 그만둬요. 이 환자분은 걸어서 다닐 수 있는 곳에 등록해서, 행복하게 3개월을 쳤어요. 그러곤 숨이 차서 못 하겠다고 스스로 그만뒀죠.

의사는 6개월 정도 살 거라고 했는데, 1년 넘게 살았어요. 직접 운전해서 가고 싶은 곳에도 가고, 딸 결혼식에도 참석했습니다. 살살 일도 해서 월급도 계속 받았죠. 적은 액수여도 월급 타서 가족에게 쓰는 게 기쁨이었어요. 그렇게 마지막 날까지 주도권을 잃지 않고 살았죠.

진통제건 음식이건 뭐건, 환자가 원하는 대로 하는 게 중요합니다. 주어진 시간이 환자나 친지 모두에게 추억의 시간이 되어야죠. 어쩌면 이 시간이 생애를 통틀어 가장 창조적인 시간일 수도 있습니다.

주어진 시간이 환자나 가족 모두에게 추억의 시간이 되어야 한다고 제가 말씀드렸죠? 이건 남겨진 가족이 아가나 아이인 경우에도 해당됩니다. 보통 아이들에게서 죽음을 멀리 떼어놓아야 한다고들 말하는데 제 생각은 달라요. 아이들도 죽음을 삶의 일부로 충분히 이해하고 받아들일 수 있어요.

제가 일하는 병원에 유방암 말기 환자가 있었어요. 자녀가 세 명 있었는데 모두 초등학생이었죠. 시댁에서 아이들이 엄마의 병상에 오는 걸 막았어요. 저는 시댁 식구와 친정 식구 모두 모인 자리에서 시간이 얼마 남지 않았으니 아이들이 원한다면 더 늦기 전에 부르라고 권했어요. '아이들이 크면서 문제가 생기면 저한테 보내주세요. 제가 도와드릴게요'라고 말씀드렸죠.

미사에서 돌아와 보니 아이들이 엄마한테 작별 인사를 하고 있었어요. 아이들 때문에 죽지 못하던 그 여성은 그날 밤 편안하게 죽을 수 있었죠.

아이들은 장례식에도 있었고, 이후 아빠와 함께 엄마에 관해 이야기하면서 엄마 없는 가족 생활을 같이 잘 꾸려나갑니다. 아빠 퇴근이 늦어지면 아이들이 말해요. '아빠, 엄마도 없는데 늦게 들어오면 어떻게 해요?' 그렇게 엄마는 그들 사이에서 계속 언급되며 존재하는 겁니다.

이런 사례도 있어요. 부인이 아기를 낳고 며칠 안 되었는데, 남편은 임종을 앞두고 있었어요. 아기를 한번 안아보지도 못한 상태에서 죽음을 맞이해야 하는 남자는 매우 괴로워했습니다. 저의 중재로 아내가 아기를 데려와 1인실에서 세 가족이 하룻밤을 같이 보낼 수 있었어요. 산후조리도 제대로 하지 못한 엄마는 눈물을 글썽이며 아기를 아빠 품에 안겨주었죠. 태어난 지 일주일도 안 된 아기와 이제 곧 죽을 아빠가 눈을 맞추며 지상에서의 인연을 서로 온기로 전하는 순간이었어요.

남자는 아이와 만나고서 이틀 후에 편안하게 죽을 수 있었습니다. 남자는 '내 아가구나'라는 자기만의 느낌을 간직한 채 작별할 수 있었어요. 아기가 이 순간을 기억할 수 있을지 모르겠지만, 적어도 사진을 보면서 자기 몸 어딘가에 깃들어 있을 아빠의 온기를 소중히 떠올리지 않겠어요? 저는 분명 그러리라고 믿어요. 삶에서는 만남도 헤어짐도 서로 겪는 일이니까요."

진정 '자유'로울 나의 죽음

마르타 수녀가 이야기를 들려주는 동안 사람들은 가만히 자기 앞을 보거나, 가끔 옆의 사람을 쳐다보거나, 노트에 뭔가를 적거나 했다. 집이 무엇인지, 어디인지 각자 느낀 바가 있었으리라.

채연은 평화로 채워진 공간을 감각적으로 떠올렸다. 지푸라기처럼 사소한 것까지도 갈등과 미련을 다 털어내고, 살아왔고 지금 살아 있음을 고요하게 음미할 수 있는 곳. 한 평의 공간, 그 한 평에서 맛보는 지상에서의 마지막 관계.

나의 마지막 집은 어디일까? 여기에 대한 답은 각자의 선택이지만 그 선택의 둘레는 결코 혼자서 정할 수 없을 것이다. 내가 머무는 공간이 그저 침대 하나에 지나지 않는다 해도 그 침대 하나가 나의 삶을 최종적으로 마무리하는 세상이고, 그 세상에서 나는 이제껏 살아온 대로, 아니 어쩌면 그 어느 때보다 온전하게 내가 누구인지 알아가며, 내가 세상에 존재했던 이유를 묻고, 나를 함께 만들었던 이들과의 관계를 되새김질할 수 있으리라.

여기까지 생각하다 채연은 '아, 그런데 인지장애가 오면 어떻게 되는 거지?' 묻다가, '어쨌든 감정의 기억 속에서라도 그러지 않을까', 또 생각해보는 것이었다.

사람들이 흔히 하는 말이 있다. '나라면 저렇게 죽지 않는다.' 채연 주위의 사람들도 비슷하게들 말한다. 그러나 구체적으로 어떤 죽음인지 상상해보는 것 같지는 않다. 생각하기를 계속 미루면서 어영부영 시간을 보내다 어느 날 덜컥 죽음의 초대장이 배달되면 이 초대장에 어떻게 응대해야 할지 그저 당황할 따름이다.

안락사니, 조력 존엄사니, 자유죽음이니 하는 게 자신에게 유효한 선택지가 될 수 있는지, 어쩌면 고고한 척 성급하게 손을 뻗을 수도 있다. 마르타 수녀도 마지막으로 이 부분을 언급했다. 죽음이나 죽음이 여는 저 다른 세계로 들어가는 건, 어느 정도의 존재론적 고통을 수반한 통과의례이기도 하다는 것이다.

"그래도 이만큼은 겪어야죠. 이것도 안 겪으면 말이 안 되죠. 우리가 태어날 때도 엄마가 얼마나 용을 썼습니까? 떠 나가는 것도 마찬가지입니다. 그냥 쉽게 갈 수 있다면 말 그 대로 안락사 아닙니까. 그러나 이편 삶을 마무리하고 저편 삶으로 건너가는 과정을 그렇게 안락사로 처리할 수는 없어 요. 견디기 힘든 통증을 완화하는 것은 건너갈 힘을 얻기 위 해서이기도 한 겁니다."

워크숍을 마치고 집으로 돌아오는 길에 채연은 마르타 수녀의 이 마지막 말을, 아픈 혀를 달래주는 사탕처럼 입안 에서 계속 굴렸다.

말부터 모순을 나타내는 조력 존엄사도 그렇고, '에셰크'*라나 뭐라나, '되돌릴 수 없는 총체적인 실패와 존재의 어처구니없는 부조리함 속에서 치욕을 감당하며 사느니 죽음을 끌어당겨 인간으로서 인간성과 존엄성을 지킨다'는 자유죽음의 논리도 채연은 마뜩하지 않았다. 지루할 정도로 길고 치열한 토론이나 논쟁의 과정을 싹둑 떼먹고 으스대듯 내세워진 저 자유죽음에서 '자유'는 얼마큼 자유일 수 있다는 말인가.

두려움과 부조리함의 면면을 함께 살피고, 자유와 부자

---

* 프랑스어로 '실패한다, 좌절한다'는 뜻을 가진다. 장 아메리의 『자유죽음』을 참조했다.

유의 조건과 감각을 함께 실험하는 과정을 먼저, 다양하게 제대로 해봐야 하지 않겠나. '나의 죽음'의 특이성이 우리의 죽음이라는 보편성과 합체하는 길을 찾아야 하지 않겠나. 채연은 이 질문의 여정이 조금 더 길게 이어질 걸 예감한다.

우리 동네 원더랜드

**발달장애인
단기거주시설**

출근을 서두르던 수현의 발길을 누군가 잡아끈다. 아기 둘과 길을 가는 젊은 엄마다. 짐을 잔뜩 든지라, 걸음이 불안한 어린아이를 안을 수 없어 보인다. 아장아장 걸음으로 아이는 뒤처진다. "엄마 따라 와." "찻길 쪽으로 가지 마." 아이를 연신 돌아보며 소리친다. 흘러내린 짐을 고쳐 안으며 앞장서 가려는 조금 큰 아이에게 소리 높인다. "엄마 옆에서 걸어야지." 고개를 연신 돌리며 아이들을 눈으로 붙잡는 엄마가 튀어나온 보도블록에 걸려 넘어지기라도 할까 봐 걱정스럽다. 엄마의 당부는 별 소용이 없다. 말하는 당사자도 숨이 찬데 이 시끄러운 도로에서 아이들은 어디로 튈지 모른다.

수현은 말 없이 작은 아이 뒤로 천천히 걷는다. 그들이 눈치채지 못하게 방패막이를 자처한다. 그냥 지켜보는 돌봄, 의도와 계획대로만 하는 게 아니라 지켜보다가 당사자의 필요에 응답하는 돌봄, 그게 좋은 돌봄이라 하지 않던가. 아슬아슬 일행이 어느 건물 안으로 들어가자 수현이 자처한 임무는 끝났다. 수현은 다시 빠른 걸음으로 갈 곳을 향한다.

이상한, 굉장한

수현이 들어선 건물에는 '센터'로 끝나는 간판이 여럿 걸려 있다. 재가복지, 어르신 돌봄 등 앞에 붙은 말들이 그 센터가 하는 일을 알려준다. 이런 간판들에는 역사가 있다. 한때는 아동과 관련된 것들이 주를 이뤘다. 요즘은 장애인 활동지원, 노년을 위한 재가복지와 간병 등을 내건 간판들이 대세다.

서구의 돌봄 연구자들에 따르면 돌봄이란 말은 애초에 육아에만 한정적으로 쓰였다고 한다. 요즘에는 육아뿐 아니라 간병, 활동지원, 노년 돌봄 등을 아우르는 우산 같은 개념으로 돌봄이란 말을 쓴다고 한다. 돌봄이란 개념이 불충분하다고 생각해서 그 자리에 그냥 영어로 케어(care)를 쓰는 전문가도 많다.

수현도 돌봄이란 단어가 과연 우산 개념인지는 잘 모르

겠다. 돌봄을 놓고 오가는 말이 하도 다 다르고 정신없기 때문이다. 아무튼 수현의 일터는 그 우산 아래 들어간다고 간주되는, 발달장애인 단기거주시설(단기)이다.

센터 문을 열고 들어갈 때마다 수현은 '앨리스'가 되는 기분이다. 수현이 가장 좋아하는 동화가 『이상한 나라의 앨리스』다. 영어로 원더랜드(Wonderland)는 '이상한 곳', '굉장히 좋은 곳'이란 뜻이 있다고 한다. 그곳에서 앨리스 눈에 처음 띈 게 시계를 든 흰 토끼였다면, 수현에게 보이는 건 '칸트' 씨다. 평생 매일 정확한 시간에 산책해 그를 보고 동네 사람들이 시계를 맞췄다고 알려진 철학자 칸트처럼 계속 같은 행동을 반복하기에 수현이 붙인 별명이다.

센터에선 '○○ 씨'라는 존칭으로 이용자를 부른다. 수현은 이용자들을 오래 관찰한 끝에 나름의 별칭을 붙이고 개별화된 돌봄에 적용해왔다. 물론 별칭은 수현만의 일지에 쓰일 뿐이다. 칸트는 자기 규칙을 혼자만 엄수하는 게 아니다. 다른 사람에게도 계속 같은 행동을 반복하도록 요구한다. 자극받는 걸 꺼리는 이용자와는 되도록 거리를 둬 자리를 배치해야 한다. 수현이 '여왕'이라고 별칭을 붙인 이용자는 지시하기를 좋아한다. 직원이 같이 하자고 하는 활동을 안 하는 사람, 울거나 큰소리 내는 사람이 있으면 가서 때리거나 잔소리를 하거나, 그렇게 응징에 나선다. 칸트나 여왕 말고도 저마다 특성이 있다. 이용자마다 특정 감각이 예민하기에 좁은 공간에서 서로 부딪히거나 스트레스 받지 않도록 신중하게 자리와 동선을 배치해야 한다.

이야기 속 원더랜드에서 앨리스는 과자나 버섯을 먹고 몸이 커졌다 작아지기를 반복한다. 몸이 커졌을 때 눈물을 흘렸다가, 몸이 작아져서는 자신이 흘린 눈물에 빠져서 허우적대기도 한다. 자기 눈물에 빠진 앨리스처럼 수현은 종종 자신이 만든 틀에 빠져 허우적거린다. 같이 합을 맞춰야 할 상대방이 수현의 규칙에는 관심이 없고 자기만의 규칙이 어긋나면 큰일 나는 자폐스펙트럼이기 때문이다. 상호작용의 아귀가 맞기란 늘 아슬아슬하다.

자폐성 장애, 지적장애, 신체장애, 이 모든 것의 복합, 거기에 그것만으론 설명 안 되는 저마다의 고유한 성격이 있다. 수현을 사회복지사라는 직업 하나만으로 설명하는 게 말이 되지 않듯이 장애의 한두 가지 특성만으로 설명할 수 없는 개성의 세계들이 서로 접촉하는 이곳은 정말 끝없는 모험의 원더랜드다.

원더랜드에는 칸트와 여왕을 비롯한 이용자 10여 명이 직원 아홉 명과 생활한다. '단기'는 이용자가 월요일에 왔다가 금요일에 집에 가는 식으로 운영한다. 이용자의 가정 상황이 다 다르니 어떤 요일에는 주간만, 다른 날에는 야간만

왔다 가기도 한다. 주말에는 센터를 닫는데 긴박하게 주말 서비스를 요청받는 경우도 있다.

원래 '단기'는 발달장애인 가족에게 장례 같은 갑작스런 일이 닥치거나 출장 같은 변동이 생길 때 필요한 돌봄에 대응하기 위한 곳이다. 수일에서 30일 정도 이용하고 가는 곳이라 단기라는 이름이 붙었다. 장애인 당사자의 요구라기보다는 가족의 필요에 맞춘 곳, 가족에게 돌봄 휴가를 주는 개념으로 만든 곳이다.

법에도 '가족의 양육 부담을 덜고…' 이렇게 써 있다. 그런데 실상은 '양육'이란 말을 쓰기가 뭣하다. 단기시설은 만 18세 이상 발달장애인이 올 수 있는 곳이니 말이다. 복지관, 주간보호센터, 평생교육센터, 직업훈련소처럼 상대적으로 젊은 사람이 갈 수 있는 곳들이 그나마 있다. 그러나 40세가 넘은 발달장애인이 갈 곳은 거의 없다. 이런 이유로 단기에는 20대와 40대가 같이 있곤 한다. 제공해야 할 서비스가 달라 곤란해도 어쩔 수 없다. 50대도 의뢰가 오곤 하는데 수현이 거절한다.

성차도 있다. 대개의 단기시설은 남성 이용자가 주를 이룬다. 보호자들이 장애여성은 집에서 돌보려는, 흔한 말로는 '옆에 끼고 있으려는' 성향이 더 강해서 잘 내보내려 하지 않는다. 그나마 수현의 센터에는 여성 이용자가 절반 정도다.

이름만 '단기' 시설이지 실상은 단기가 아닌 경우도 허다하다. 정부에서 위탁하는 사회복지 사업자에게는 일정 인원에게 서비스를 제공해야만 하는 과제가 있는데 원래 목적대로, 긴급한 사유에만 대응해 운영하면 자칫 이용자 수가 모자란다.

단기가 아니게 되는 더 큰 이유는 이용자 가족이 '긴급'이 아닌 일상적인 돌봄을 원해서다. 원래 설립 목적대로 수시로, 긴급한 필요가 있을 때 이용할 수 있도록 여지를 두고는 있지만 이용자는 터줏대감들이 대부분이다. 10년 넘게 머무르는 이용자도 많다. '단기' 간판을 달고서 '장기' 돌봄을 하게 되는 것이다.

어떤 이용자는 아주 먼 곳에서 온다. 거주지 인근에는 이곳 같은 단기시설이 없기에 거리를 무릅쓰고 오는 것이다. 그는 주말 내내 집에서는 별다른 활동이 없기에 지루해하다가 월요일이 되면, 이동을 지원할 활동지원사가 오기도 전에 새벽 네 시부터 채비를 하고 빨리빨리 센터에 가자고 조른다고 한다. 그런 사람이 또 금요일 오후가 되면 어떤 아쉬움도 남기지 않고 쌩하고 가버린다. 그가 어떤 곳을 집으로 여기는지, 혹여 주말에만 가는 본래 집을 세컨하우스로 여기는지는 아무도 모를 일이다. 시간을 더 많이 보낸다고 해서 집은 아니지 않은가.

수현은 굳이 가족으로부터가 아니더라도 동네에서 적절한 지원을 받으면서 살 수 있으면 되는 게 아닌가 싶다. 언제 어디서건 서로 어떻게 대면하고 상호작용을 하느냐가 중요하다. '가족 같은 돌봄'이란 말을 수현은 싫어한다. 목욕, 식사, 배변, 지역사회 참여, 문화와 여가 활동, 직업 훈련 등 이 센터에서 행해지는 돌봄은 사적인 게 아니라 공적인 관계에서 이뤄지는 사회서비스다.

일상생활부터 생로병사까지

"어서 오세요. 주말 어떻게 보냈어요?"

수현의 월요일은 주말을 집에서 보내고 온 이용자들을 맞는 것으로 시작된다. 인사를 나누며 겉옷을 받아 옷걸이에 건다. 거실에서 영상을 보며 같이 체조를 한다. 전문강사가 오는 날이면 식물공예를 한다. 창가에 앉아서 밖을 감상하며 종일 혼자 보내는 걸 좋아하는 사람도 있고, 자기 구역을 벗어나지 않으며 거실에서 벌어지는 일에 전혀 반응을 보이지 않는 사람도 있다. 프로그램 중간중간 저마다 화장실에 간다. 배변 처리에 지원이 필요하기도 하다. 그렇게 오전 시간을 보낸다.

식사 시간이면 저마다 할 수 있는 일을 선택해서 맡는다. 식사 매트를 놓는 사람, 숟가락 놓는 사람, 행주질 하는 사람.

밥 짓는 건 직원들 몫이다. 필요한 사람에게는 식사를 거든다. 복합장애가 있어 잘 씹지 못하는 이에게는 반찬을 가위로 잘게 잘라주고, 시각장애가 있는 이에게는 하나하나 설명해주고 뭘 먹을지 묻는 식이다. 식후 양치도 혼자 할 수 있는 사람, 혼자 하지만 마무리에 조력이 필요한 사람, 처음부터 같이 해야 하는 사람, 모두 지원의 내용이 다르다.

오후 활동 사이사이 목욕 돌봄이 병행된다. 화장실 겸 욕실이 하나인지라 오후 네 시부터 한 명씩 차례차례 샤워를 한다. 혼자 할 수 있는 사람은 혼자서, 지원이 필요한 사람은 사회복지사가 욕실에 같이 들어간다. 사회복지사는 여성이 대부분인데 이용자가 남성인지라 곤란한 경우가 많다. 최근 남성 사회복지사가 들어와 한시름 놨다. 관할 감독기관에서는 심사할 때마다 성폭력 사안에 민감하게 주의를 주면서도 이용자와 돌봄자의 성차 같은 걸 고려하지도 배려하지도 않는다.

누군가 목욕하는 사이 누군가는 쓸고 닦는다. 또 누구는 설거지, 누구는 저녁 준비를 한다. 저녁 식사 때가 되면 또 점심 때와 같은 일이 반복된다. 틈틈이 빨래를 하는데 적어도 하루에 세 번은 세탁기를 돌려야 한다. 밥 먹고 나면 이용자들은 저마다 휴식을 취하고 직원들은 일지 쓰기 등 행정 업무를 하고, 야간 근무자가 출근하면 인수인계를 한다. 이용자가 잠잘 때도 근무자는 감각을 열어놓아야 한다. 숨소리 변화도 예민하게 감지한다. 일과 시간에는 돌봄에 집중하느라 행정 업무가 밀리고, 야근 근무자가 몰아서 하는 것이 현실이다.

살짝 숨통이 트였다 하지만 아직도 한 사람 한 사람에게 초점을 맞추는 개별화된 돌봄을 하기에는 턱없다. 주 40시간 근무제를 적용해야 해서 2021년 후반에 들어서야 직원이 아홉 명이 되었다. 그전까지 다섯 명이 모든 일을 도맡았다. 수현을 포함해 모든 직원이 업무분장이라는 칸막이 없이 회계, 시설 관리, 후원 관리, 조리, 청소, 직접 돌봄 등을 맡는다. 모든 일의 1순위는 당사자 돌봄이다. '나는 회계 담당이니 회계 정리 다 해놨다'고 나 몰라라 할 수 없는 상황이거니와 그렇게 하려는 사람도 없다. 그게 서로에게 고맙기도 하면서 한편으론 당연하기도 한 상황이다.

직접 돌봄에 더 집중해야 하는 사회복지사는 주야간 3교대로 일한다. 야간에도 일해야 하고 3교대이다 보니 동료 구하기가 정말 어렵다. 조리 담당만 따로 둘 수도 없다. 일반 노동시장에서 조리를 하면 급여를 훨씬 더 많이 받으니 여기서 일하려는 사람을 구하기는 어렵다.

수현은 경력도 오래고 센터장인지라 센터가 닫는 주말에 오는 긴급 연락이나 돌발 상황을 책임진다. 이 일을 시작한 후 휴대폰을 꺼본 일이 없다. 언제 어디서 무슨 연락이 올지 모른다. 갑자기 사라진 칸트를 찾아 나서기도 하고 응급실로 호출되기도 한다.

아예 이용자의 생로병사를 같이 하기도 한다. 입원 환자를 돌보는 간병인들은 발달장애인을 맡기를 꺼린다. 보호자 사정도 여의치 않으면 별수 없이 수현이 간병을 도맡아야 했다. 독립해서 결혼할 때는 방 구하러 다니고 살림살이도 고르며 결혼식 준비도 같이 해봤다. 보호자와 같이 주관하여 장례도 치렀다. 누구는 뭐 그런 것까지 다 하느냐고 한다. 그러나 수현에게는 생명, 일상, 삶, 이런 걸 같이 만든다는 느낌이다.

수현의 딸은 그런 수현이 못마땅하다. 엄마 핸드폰을 아주 싫어한다. '집에서는 제발 꺼두고, 나에게 좀 집중해주면 안 되느냐'는 말이 아직도 수현의 가슴속에 맴돈다. 그러던 딸이 이제는 엄마의 관심을 갈구하기는커녕 성가셔하는 나이가 되기는 했지만.

보호가 아닌, 삶을 같이 살기

동료들과 견해 차이가 날 때도 있다. 수현 세대의 사회복지사가 해온 밑도 끝도 없는 활동을, 또 수현 스타일의 활동을 지금의 동료들에게 요구하거나 강요해서는 안 된다는 걸 안다. 그래도 포기할 수 없는 요구는 한 가지다.

'하루에 한 번도 센터 문 밖으로 나가지 않는 날이 있어서는 결코 안 된다.'

수현의 철칙이다. 실내에서 보호만 하려는 시설이 많다. 폐쇄적인 공간에서 시계 같은 규율로 관리한다. 위험하다는 이유에서다. 수현의 원칙에는 동의하면서도 동료들은 두려워한다. 충분히 타당한 두려움이다. 사고가 나면 어떡하며 소송 등으로 책 잡히면 어떡하냐는 것이다. 수현은 반복해 동료들에게 힘주어 말한다. 제 자신에게 주문을 넣듯이 말이다.

"그래도 폐쇄적인 공간에 머물기만 하는 대신 삶을 살아야 하잖아요. 삶을 함께 사는 활동이 우리가 하는 돌봄이에요. 주로 엄마로 대표되는 가족이 유일한 '친구'이고 또래 친구나 직장 동료를 만나기 어려운 상황인데 여기서마저 닫힌 생활을 강요하면 어디 가서 관계를 만들어요? 나들이도 가고 체육도 센터 안에서만이 아니라 동네 헬스클럽 가서 하고, 노래방 가서 놀고, 마트 가고, 키오스크도 찍어보고. 그러는 게 삶을 사는 거예요.

'놀아준다'가 아니라 같이 노는 거예요. 인솔하는 게 아니라 같이 나들이하는 거예요. 이런 활동에 사회적응 훈련, 치유, 체험, 힐링, 이런 단어들 더 이상 쓰지 맙시다. 아니 도대체 발달장애인은 십 몇 년이고 왜 늘 적응하는 훈련만 해야 하나요? 그냥 사는 거지. 외식이 왜 늘 체험이에요? 그냥 나가서 먹으면 되는 거지. 장애인은 왜 맨날 캠프에 가나요? 그냥 여행 가는 거지."

이렇게 늘 당부해도 불쑥불쑥 관행이 튀어나오기는 한다. 어느 날 동료가 이용자에게 말하는 걸 들었다. "선생님 말씀 잘 들어야지." 상대는 쉰 살에 가까운 분이다. 그런 분한테 애 키우듯이 말을 한다. 나이를 떠나서 왜 장애인은 직원 말을 꼭 들어야만 하나?

이런 수현에게 종종 번아웃이 찾아온다. 일의 고됨보다는 무엇도 마음껏 할 수 없다는 데서 온다. 전 직장을 그만둔 이유이기도 하다. 아무 변화도 꾀하지 않고 하던 대로만 하려는, 깨지지 않는 무쇠솥 같은 분위기. 가령 직원들의 근무 시간 때문에 저녁 식사는 다섯 시에 시작했다. 그럼 시설에서 생활하는 장애 당사자는 다음 날 아침까지 공복 상태다. 무슨 간헐적 단식도 아니고 말이다. 수현이 그런 것에 반대하며 무슨 시도를 해보려고 하면 '또 일 벌인다', '일 좀 벌이지 말라'는 질타와 짜증이 날아들었다. 가장 큰 차이는 장애인 당사자의 자립을 목적으로 하느냐 보호와 관리가 목적이냐였다.

그때나 지금이나 기본적 필요 충족에 그치는 돌봄이 아

니라 당사자가 욕망을 드러내고 요구할 수 있는 관계를 맺고 싶다. 칸트와 여왕에게는 욕망이 있다. 잠, 배설, 식사, 옷 입기, 씻기는 일상의 기본이지 그게 전부는 아니지 않은가. 그러나 이것만 제공하면 하루 종일 같은 곳에 가둬놓고(보호하고) 개별화와 관계 없는 똑같은 프로그램으로 일상이 채워져도 누가 뭐라 하지 않는다. 미리 마련된 서비스와 프로그램에 칸트가 따르지 않으면 '고집부리고 떼쓰는 것'이 되고 '도전 행동'이 된다. 고집부리는 것이 아닌 요구와 욕망을 드러내는 존재라는 걸 얘기하고 싶다.

칸트의 필요나 요구, 욕망은 무에서 저절로 생겨나는 것도 아니고, 칸트의 능력에서만 생기는 것도 아니다. 칸트와 주변과의 관계 속에서 생겨난다. 수현은 그런 관계 속에서 상호작용하는 파트너다. 수현은 관계 속에서 칸트의 요구나 욕망이 손톱만큼 자라나는 걸 볼 때 두근거린다. 자기 손톱이 자라는 걸 내내 지켜보고 있는 사람은 없다. 어느 날 '어, 손톱이 벌써 이만큼 길었네' 하고 대수롭지 않게 자른다. 서로를 계속 지켜보며 반응하는 돌봄 관계에서는 손톱이 자라는 그 느리고 미묘한 변화가 보인다.

이용자 중에서 직업 훈련이 가능한 사람은 하루에 두 시간씩 외부 기관에 실습을 간다. 비닐봉지에 면봉 열 개를 넣는 작업 훈련이었다. 별다른 진전 없이 시간이 흘러가던 어느 날이었다. 면봉을 다 담고도 비닐이 남았던 모양이다. 늘 침묵하던 이용자가 더 담게 면봉을 달라는 말을 했다고 한다. 두 시간은 고사하고 잠시도 집중하지 못하고 들썩이던 이용자도 있었다. 그런 그가 어느 날에는 끝날 시간이 되자 갑자기 '더 하고 싶다'는 요구를 했다고 한다. 그렇게 단순한 말 한마디, 동작 하나가 그야말로 거짓말같이 한순간 피어 난다.

수현이 파악한 필요만이 아니라, 보호자, 부모가 요구한 욕구만이 아니라, 서로 접촉하고 상호작용하는 가운데 칸트 가 뭔가를 '좋다'고 받아들일 때, '싫다'를 표현할 때, 칸트의 반응이 다르다. 처음에는 '못해요, 못해요'가 입버릇이었다가 같이 하면서 차츰 할 줄 아는 걸 찾는다. 당사자만이 아니라 직원도 그렇다. 같이 호흡을 맞추다 어느 순간에 번쩍 뭔가가 되어질 때, 표현의 의미를 알아차릴 때 서로의 성취가 된다.

원더랜드가 계속 원더랜드일 수 있으려면

수현 같은 사회복지사는 정기적으로 받아야 하는 연수 가 있다. 장애 인식개선 교육, 인권감수성 교육 같은 제목이 다. 그때마다 수현은 고개를 갸우뚱한다. 인식 개선과 감수 성이란 말로 중요한 문제를 위장하는 것 같아서다. 수현이 만나는 지역사회 주민들은 아주 '나이스'하다. 동네에서 만나는 한 사람 한 사람은 정말 친절하고 따뜻하다. 발달장애인과 인사도 잘 주고받는다. 직원은 '가출'이라 부르고 당사자는 '외출'로 여기는 일이 발생하면 온 동네로 찾으러 다니는데 눈여겨보신 동네분들이 꼭 전화를 해준다.

그런 그들이 급변할 때가 있다. 부동산 문제다. 내가 노력하면, 나와 이용자가 동네에서 상호작용을 잘 하면 잘될 줄 알았는데, 돌봄을 훼방하는 최대 암초가 부동산이란 걸 정말 눈물 나게 경험했다.

정말 좋은 이웃이었는데 임대를 거절한다. 자기 집 근처에는 오지도 말라고 한다. 임대료도 천장 높은 줄 모른다. 국가가 위탁한 이 단기시설은 법인에서 운영한다. 법인은 각 센터에 직원 임금과 운영비의 일부만 지원한다. 나머지 운영비의 대부분을 센터가 감당해야 하고 거기에 임대료도 포함된다. 임대료가 오를수록 당사자를 위해 쓸 수 있는 운영비가 쪼일 수밖에 없고, 후원을 조직하고 모자라는 경비를 채워넣어야 한다.

그나마 낡은 상가의 한편을 임대하고 있는데 건너편에서 불기 시작한 재개발 바람이 날아들면? 철거하고 새로 짓는 동안 어디로 가야 할까? 그리고 지어질 대형 아파트와 상가에서는 '원더랜드'를 받아주지 않을 가능성이 아주 크다. 받아준다 해도 비싼 임대료를 감당할 수 없을 것이다. 또 지금의 동네 주민들이 재개발 후에 이곳에 살게 되리란 보장도 없다.

누군가 수현에게 더 나은 돌봄을 위해 시민들이 무엇을 해야 하느냐고 물은 적이 있다. '웃어주세요, 친절하게 대해주세요', '느리고 천천히 해도 기다려주세요' 이런 말로 대꾸했던 자신을 되돌아봤다.

진짜 바라는 건 그게 아니다. 서로 돌보고 살아가려면 같이 살 공간이 기본이다. 도시계획을 세울 때 돌봄 당사자가 살아갈 공간을 기본 배치해야 한다(솔직히 여기서 예외인 사람이 있을까?) 수현과 칸트 같은 사람들이 공간을 찾아 떠도는 대신, 적어도 누구나가 사는 생활 근거지 내에 공적 돌봄서비스에 해당하는 공간이 당연히 있어야 한다. 소방서나 경찰서가 당연히 있듯이 말이다. 이게 실행되도록 법과 제도를 만들어주는 게 시민들이 수행할 돌봄일 것이다.

『이상한 나라의 앨리스』에는 '고양이는 왕을 쳐다볼 수 있다'는 말이 있다. 영국 속담으로 아랫사람도 윗사람 앞에서 무슨 말이든 할 자유가 있다는 뜻이라 한다. 한번은 법정에서 앨리스의 몸이 커져버린다. 옆에 있던 존재가 "넌 이런 곳에서 커질 권리가 없어"라고 하자 앨리스는 "말도 안 되는 소리하지 마, 너도 크고 있잖아"라고 대꾸한다. 수현도 지역사회를 쳐다보며 마찬가지로 대꾸하고 싶다. 발달장애인은 지역사회를 쳐다볼 수 있고, 이곳에서 몸이 커지고 나이 들어갈 권리가 있다고.

수현도 발달장애인 당사자도 가족 돌봄자도 나이가 든다. 생애 주기가 달라지면 돌봄도 달라져야 한다. 수현이 지금 맞닥뜨린 최대의 복병은 당사자의 노화와 부모의 고령화다. 한 부모 가정도 많고 돌봄을 나눠질 다른 가족 구성원도 없는데 주 돌봄자가 노쇠해간다. 이미 70대를 넘어 80대다. 자식은 물론 자신에 대한 돌봄이 절박하다. 20대 초반이었던 장애인 당사자도 나이 들어가며 욕구가 달라진다. 언제까지 이곳에서만 삶을 도모할 수는 없다. 수현에게도, 보호자에게도 가장 큰 고민이다.

이곳 다음을 계획할 선택지가 없기에, 평생 동네에서 자식과 함께 살아온 보호자는 전혀 마음이 내키지 않아도 대형 시설 입소를 알아보고 있다. 자식은 시설 보내놓고 자신은 요양원에 가야 할지 고심한다.

수현은 속상하고 허탈하다. 지역사회에서 잘 살아가기를 조력하는 것, 돌봄에 의지하여 자립 생활 하는 걸 목적으로 서로 협업해왔는데, 이건 당사자, 부모, 지원자가 함께 맞닥뜨린 절벽이다.

지금 이용자들은 동네에서 살며 마트와 카페 등 자신이 가고 싶은 곳에 갈 수 있다. 하지만 대형 거주시설에 입소하는 순간 활동지원서비스는 중복 지원이라고 끊길 것이고 그런 곳은 대부분 동네에서 먼 곳에 있다. 장애를 가졌지만 평생 자유롭게 살아온 자식이다. 그리고 보호자 자신 또한 그랬다. 노쇠한 몸을 의존할 돌봄서비스가 부족해서 시설에 가야 하니 생각만 해도 갑갑하고 두렵다. 서로 자주 만날 수는 있을런지. 생이별이 서럽다.

그룹홈은 어떨까? 규모가 작아도 그룹홈도 시설이다. 일단 그룹홈 안에서는 활동지원서비스를 받지 못한다. 그래서 함께 거주하는 사회재활교사 한 명이 평균 네 명을 지원하는 구조다. 그가 24시간 같이 있을 수 없는 조건이기에 사회재활교사가 없는 낮 시간에는 집을 나가 있어야 한다. 자기가 원하는 시간에 머물 수 없는 걸 집이라고 할 수 있을까? 그럼 집 밖에 있을 때 케어할 활동지원사를 따로 구해야 할 텐데 시간이 짧고 수입이 적으니 활동지원사 구하기가 쉽지 않다.

대안이 없는 것은 아니다. 시도들이 있기는 하다. 대표적으로 지원주택이 있다. 말 그대로 집과 사회서비스가 결합된 모델이다. 서울시 지원주택은 본인 명의 집에서 당사자가 거주하고 주거코디와 주거코치라는 이름의 팀이 지원센터에 상주한다. 시설이 아닌 집이기에 당사자가 활동지원서비스를 받을 수 있다. 듣기만 해도 좋아 보인다. 그러나 아직은 워낙 희소하다.

발달장애인이 보호자가 살던 집을 물려받거나 독립된 주거를 얻는 경우도 생각해볼 수 있다. 이렇게 지원주택이 아닌 다른 곳에서 자립해 사는 발달장애인을 위해서도 '주거생활서비스'가 필요하다. 전국장애인부모연대라는 조직이 정부에 정책을 제안했다고 한다. 주택을 뺀 나머지 서비스를 제공하는 시스템으로 주거코디가 주기적으로 방문해 당사자 자립의 어려운 점을 돕고 문제를 해결하고 생활 계획을 같이 세운다. 이런 지원주택과 주거생활서비스가 전국 어디에나 생긴다면, 칸트도 보호자도 계속 동네에서 살아갈 수 있을 것이다.*

모를 키워 옮겨 심는 모내기를 하듯이, 수현은 이곳에서 키운 자립 생활 역량을 장애 당사자가 자신의 삶의 터전으로 옮겨 심었으면 좋겠다. 연계가 중요하다. 그런데 과연 수현이 '다음'을 연계할 수 있을까? 함께 가꾼 원더랜드를 디딤돌 삼아 칸트도 여왕도, 다른 편으로 옮겨 가면 좋겠다. 그리고 그 맞은편에서 '주거 더하기 돌봄 지원 서비스'를 높이 치켜 든 시민들이 마중 나와주기를 간절히 원한다.

---

*   류승연, 『아들이 사는 세계』(푸른숲, 2024) 참조.

아이가 디딜 땅을
함께 다지기

**사회적 양육,
마을건강센터의 아동 돌봄**

경아

다리가 푹 꺼지는데 발 디딜 곳이 없다. 추락의 느낌에 화들짝 놀라 잠이 깬다. 그렇게 깨고 나면 쉽게 다시 잠들지 못한다. 경아는 떨리는 가슴을 진정시키며 생각한다. 어릴 때 이런 꿈을 꾸면 키가 크느라 그런 거라고 어른들이 말해 줬는데. 놀란 가슴은 그 말에 안심이 되곤 했지. 이제 키 클 일도 없는데 왜 이런 꿈을 꾸는 거지? 내 나이에는 키 크려는 게 아니라 살찌려고 꾸는 꿈인가? 피식 웃었다.

경아가 만나는 아이들도 가끔 이런 꿈을 꿀 것이다. 그 아이들은 발밑에 땅이 없는, 푹 꺼지는 느낌을 어떻게 달랠까? 키 크느라 그런 거라고 안심시켜줄 어른이 있을까?

밖에서 볼 때 별다른 산업이 없고 학군도 인근에서 최하위권이라고 여겨지는 이곳에서 경아는 나고 자랐다. 경아 또래 아이들은 이곳을 떠나길 바라며 어른이 됐다. 공부를 잘할수록 더 이른 나이에, 고등학생 때부터 인근 도시로 나갔다. 어른이 된 아이들은 잘 되든 못 되든 이곳을 떠났다.

경아도 그렇게 이곳을 떠났었다. 그리고 다시 이곳으로 되돌아왔다. 경아는 타지로 나가 고등 교육을 받았고 정당 활동을 비롯해 이런저런 조직에서 사회의 큰 그림을 그리다 돌아왔다. 지치고 피곤해서였다. 그리고 내가 어디로 갔기에 행복할 수 있는 게 아니라 내가 어디에 있든 내가 있는 곳이 행복할 수 있어야 한다는 나름의 깨달음 때문이었다. 나고 자란 동네를 살고 싶은 곳으로 만드는 게 좋은 사회가 되는 구체적인 길이라 생각했기 때문이었다.

경아는 시내 모퉁이를 지날 때마다 2층을 올려다보는 버릇이 있다. 어렸을 적 그곳에는 단골 소아과 의원이 있었다. 경아가 아플 때마다, 이러저런 백신을 접종할 때마다, 그곳에 가서 웃옷을 걷어 올리고 팔을 내밀던 기억이 난다. 청진기를 경아의 가슴 이곳저곳에 대고, 망치처럼 생긴 걸로 경아의 무릎을 때리던 안경잡이 선생님. '아프지 않을 거야', '금방 끝나'라며 경아의 팔을 찰싹 때리고 바늘을 찌르고 솜으로 문질러주던 간호사 선생님, 옆에서 조바심 내다가 손잡고 돌아오던 길에 잘 참았다며 엄마가 보상으로 사주던 떡볶이….

선생님은 아프지 말고, 다시 만나자 말자고 했지만 경아는 그곳이 좋았다. 주사가 따끔하기는 해도 나만 바라봐주는 하얀 가운 선생님들의 눈길과 손길이 좋았다. 평소에는 너무 바빠서 뒤통수만 보이던 엄마의 관심을 병원에 갈 때만큼은 듬뿍 받고 독차지하는 것 또한 좋았다. 그래서 경아는 이마를 짚으며 가끔 열이 나기를 바라기도 했다.

경아에게처럼 누구나의 어린 시절에 그런 소아과 병원이 있었으면 좋겠다. 그게 꼭 병원만일 필요는 없다. 경아에게는 공부방도 있었고 이러저런 복지시설도 있었다. 집이라는 것은 혈연가족으로만 버텨낼 수 있는 게 아니다. 기댈 곳이 있어야 아이는 집을 버틸 수 있다. 집은 법적 보호자와 아이, 때로는 법적 보호자가 아닌 양육자, 또 다른 관계가 얽힌 복잡한 장소이자 관계다. 아이에게 집이 버거우면 밖으로 나올 수도 있어야 한다. 그런 곳을 만들고 가꾸는 것이 경아가 나고 자란 곳으로 돌아온 이유다.

나영

'이른 아침에 오는 환자는 무조건 빨리빨리 처리해야 한다.' 평소 동료 의사들이 쓴 경험담이나 사회비판서를 즐겨 읽는 나영은 어느 의사의 진료 초창기 경험담에서 이런 문장을 읽었다. '빨리빨리'는 선배 의사들의 조언이라 했다. '아니, 어린아이일수록 더 찬찬히 진찰해야지, 뭘 빨리빨리 하라는 거지?' 글을 쓴 의사는 선배들의 조언에 반감이 들었다고 한다.

그러나 그는 곧 상황을 파악했다. 병원 문 열자마자 들이닥치는 소아 환자와 보호자의 상황은 대개 비슷했다. 감기에는 약이 없다는 건 전문의료인이 아니더라도 누구나 아는 상식이다. 하지만 바쁘디바쁜 사회에서는 물 많이 마시고 푹 쉬어야 감기가 낫는다는 상식을 실행할 여유가 없다.

아이도 예외는 아니다. 보호자도 아이를 사람 많은 데 보내지 않고 집에서 잘 먹이고 많이 자게 해야 회복되리란 걸 안다. 그러나 그렇게 돌볼 형편이 아니다. 병원 문 열자마자 빨리빨리 열 떨어지는 처방을 찾는 것은 무리를 해서라도 아이를 유치원이든 학교든 보내야만 보호자가 출근할 수 있기 때문이다. 약 먹이고 주사 맞는다고 아이 감기가 쉽게 낫지 않는다는 걸 알지만, 아이가 유치원과 학교에 병을 퍼뜨릴 수도 있지만, 보호자의 위험한 서두름에 장단 맞출 수밖에 없는 의사의 마음도 무겁다. 돌봄 없는 사회의 쳇바퀴다.

그런 동료 의사의 고민을 글로 읽으며 30여 년 경력의 소아과 의사인 나영은 마음이 무겁다. 사정 모르는 사람들은 '소아과 오픈런(문 열기 전부터 줄을 서는 일) 해도 3분 진료하고 약 주고 땡'이라는 둥 '돈 안 되는 소아과 하려는 의사가 없어서 뺑뺑이를 돌아야 한다'는 둥 비난하기 급급하다. 왜 그런지 헤아리기보다 의료진이든 보호자든 악역이 누군지 찾을 뿐이다.

나영은 다른 얘기를 하고 싶다. 감기에 굳이 약을 먹이려는 한국식 양육 그리고 하루 약 먹이고 감기가 떨어지지 않으면 다른 의원에 또 가는 식의 병원 쇼핑 행보는 양육자의 불안 때문이다. TV 토크쇼를 포함해 온갖 의료 정보는 넘치는데 그걸 차분히 분석할 만한 여유나 능력은 없고, 일단 아이가 아프면 덜컥 겁부터 나는데 병의 경중을 알아서 판단할 수는 없기 때문이다. 이리저리 헤매며 잡을 수 있는 끈은 모두 잡으려 하게 된다.

불안해하는 보호자와 충분히 상담하고, 아이의 이런저런 증상에 대해 교육하고, 육아에 대한 조언도 해줄 수 있다면 멀리멀리 더 상급의 병원을 쫓아다니지 않을지 모른다. 동네 병원(1차 의원) 소아청소년과에서 충분한 진료가 이뤄진다면, 위급한 상황에서는 2차나 3차 병원으로 잘 연계가 된다면, 좁은 병 입구에 몰려 안절부절못하는 일은 없을 것이다. 그런 깊고 충분한 진료와 상담을 보장해주는 체계가 없다.

문제를 호소해도 '결국 돈(수가 올려달라는) 얘기군' 하는 식으로 납작한 반응이 돌아오면 허탈하다. 돈은 필요하다. 그러나 소아과 의료진에 대한 신뢰와 함께 주어져야 한다. 임차료도 인건비도 견딜 수 없는 상황에서 동네 의원은 사라져가고, 진료할수록 적자라는 눈치와 의료진의 번아웃으로 3차 병원 소아과의 위기는 곪은 지 오래다. 나영은 진료실에서만 이 문제를 고민해선 답이 나오지 않는다고 생각했다. 전체 의료 체계에 대한 쓴소리도 지치지 않고 해야 하고, 일단 뭐라도 해보려면 지역사회에서 같이 관심을 엮어야 했다.

나영이 이런 생각을 한 건 소아과의 운명 때문만은 아니다. 아이들을 정말로 잘 돌보고 싶어서다. 아이가 아파서 병원에 왔을 때 의료는 분명히 중요한 축이지만, 아이의 건강은 의료만으로 보장되지 않는다. 병원에서 진료를 받고 어떤 환경으로 돌아가는지, 뭘 먹는지, 어떻게 씻는지, 운동은 하는지, 같이 놀 수 있고 얘기 나눌 수 있는 관계가 있는지, 그런 것들이 모두 뒷받침돼야 한다. 아이를 둘러싼 전반적인 돌봄 체계의 틀이 있어야 아이는 건강하게 자랄 수 있다. 아이가 어떤 위기 징후를 보일 때, 특히 아동학대 징후가 있을 때 그걸 알아챈다 해도 신고 말고는 달리 할 일이 없고, 신고 해도 허탈한 후속 과정이 예상될 뿐이라면 나영 자신이 이 일을 계속 버텨낼 수 있을지 두려웠다.

　나영은 일을 벌이고야 말았다. 한 아이 한 아이를 지역공동체의 힘으로 같이 돌보자는 프로젝트였다. 나영은 사업제안서를 단숨에 써내려갔다.

　　몸과 마음의 건강은 개인의 문제를 넘어 가정, 사회의 문제이기도 합니다. 특히 소아청소년 연령대에서 그 중요성은 더욱 두드러집니다.

　　이에 본 사업은 그동안 주로 의료기관에서 지향해온 단순한 신체지표의 긍정적인 변화만이 아니라 그를 둘러싼 가정과 환경 생태계의 건강한 변화까지를 목표로 합니다.

　　그를 위해 질병에 대한 의료서비스를 넘어 돌봄과 놀이, 운동, 교육의 영역에서 아이와 그 가정의 삶의 복원에 필요한 자원을 연계하고자 합니다. 소아청소년들이 저마다의 개성으로 빛날 수 있도록 지역공동체의 힘을 키우는 것이 궁극적인 목표입니다.

　　주변에서 만나는 안타까운 사연의 아이들을 마을건강센터 코디네이터에게 의뢰해주시면 코디의 만남, 의료사회복지사와 소아청소년과 의사의 면담을 통해 가정의 사정과 아이의 몸 상태를 확인합니다. 이후 운영위원회에서 아이에게 필요한 도움의 종류와 진행에 대해 논의합니다.

아직 우리 연대의 힘을 가늠하기 어렵습니다. 점차 우리가 갖고 있는 힘의 윤곽이 그려지고 살이 붙으면 눈에 보이는 질병이 없어도 다양한 결핍을 겪는 아이들에게도 연대는 확장될 것입니다.

아이가 살아가는 세상이 복원된다는 건 곧 모든 사회의 구성원이 행복해진다는 것입니다. 아이를 낳거나 키우는 분들, 이웃들, 형제들, 친구들 모두 아이의 우주이기 때문입니다. 한 사람 한 사람의 반짝이는 지점을 찾아내려는 우리의 프로젝트는 '반짝반짝 프로젝트'라 부릅니다. 공동체가 살아나는 어느 지점에서 특별한 호명이 불필요해질 것입니다. 그날이 어서 오기를.

반짝반짝, 작지만 다 같이

경아는 이 마을건강센터에서 '반짝반짝 프로젝트' 책임자로 일한다. 모든 지역 주민을 위한, 공적인 일을 하는데 그렇다고 공무원은 아니다. 사회복지사도 아니다. 그래서 경아의 일을 처음 듣는 사람들은 이해하길 어려워한다. 공적인 것, 공공성이라 할 때 사람들은 일단 정부가 하는 일을 떠올리지만 경아가 일하는 곳 같은 민간 조직도 공적인 일을 담당하며, 경아의 일이 정부가 공무를 잘하도록 자극하기도 한다.

배제나 차별 없이 누구에게나 개방되어 있어야 한다는 의미에서 공적인 것이라 할 때 '반짝반짝 프로젝트'는 지원이 필요한 만 18세 미만 유아·아동·청소년 누구나 지원이 가능하고, 당사자인 아동이나 양육자만이 아니라 이웃이나 기관 등 누구나 신청이 가능하다.

정치학과 사회학을 전공한 경아는 '대한민국은 민주공화국'이란 말을 좋아한다. '공화국'은 우리 모두의 것, 모두의 공동 자산이라는 말이다. 경아가 일하는 센터는 일차적으로는 병원과 지역사회 조직이 연대한 단체지만 지역사회 모두의 것, 공동의 것이다. 이렇듯 경아의 일에는 공무, 개방, 공동이라는 의미가 착 달라붙어 있다.

경아는 마을 활동가로서 마을건강센터에서 주민을 만난다. 아이든 어른이든 반짝거리는 지점을 갖고 있다고 믿는다. 어디서 무엇을 할 때 반짝거리는지 찾아내고 지지하는 것이 경아의 일이다. 마을건강센터는 지역사회 여러 기관들과 연결돼 있다. 그리고 어느 곳보다도 소아청소년과 의사 나영의 진료실과 직통으로 연결돼 있다.

경아는 '반짝반짝 프로젝트'의 전반적인 코디네이터 역할을 맡았다. 경아는 이 일을 시작하면서 페다고지(민중교육론)로 유명한 브라질의 지역 활동가에게 들었던 '등대 사업'을 떠올렸다. 그는 등대처럼 24시간 불이 꺼지지 않는 작은 도서관 운동을 펼쳤다. 주거가 불안정하고 길거리에서 위험한 잠을 청하는 아이들이 있다. 긴급하게 학대와 폭력을 피해야 하는 아이들도 있다. 도서관이 꼭 공부를 위한 곳일 필요는 없다. 아이들은 언제든 도서관에 올 수 있다. 와서 책을 볼 수도 있고 누워서 잠을 잘 수도 있다. 따뜻한 수프와 물을 마실 수도 있다. 언제 어디서든 불빛을 보고 찾아올 수 있는 곳이고자 해서 등대 사업이라 이름을 붙였다.

경아의 마을에서 등대 같은 곳 중 하나가 헬스클럽이다. 반짝반짝 프로젝트에 참여한 다양한 주민 중 주요한 인물을 꼽자면 단연 헬스클럽 관장이다. 헬스클럽은 새벽부터 자정까지 열려 있을 뿐 아니라 연중무휴, 거의 쉬는 날이 없다. 아이들이 운동을 배우러도 가는 곳이면서 우울하거나 집을 회피하고 싶을 때 마음 편히 갈 수 있는 곳이다. 아이들 상태를 요모조모 살피고 위생교육 같은 걸 해주기도 한다.

아이를 돌보는 것만으로는 충분하지 않다. 한 아이를 살펴달라고 의뢰가 들어와 만나보면 그 아동만이 아니라 형제자매에게 문제가 있는 경우가 있고, 양육자가 곤란한 상황에 있는 경우도 있다. 홀로 경제적 부담과 양육을 다 짊어지고 있는 어떤 양육자는 스트레스로 무력감과 우울증을 보였다.

미술치료와 운동에 참여하면서 아이와의 관계를 다시 보게 됐고 관계에 변화가 보였다. 홀로 아이들을 양육하는 어느 아버지는 청소, 세탁 같은 기본적인 집안일뿐 아니라 아이들과의 관계에서 어려움이 컸다. 아이들이 여럿인 집에서는 고등학생인 맏이가 살림과 동생들 돌보는 일을 감당하고 있기도 했다. 그러니 의뢰 받은 그 아이뿐 아니라 형제자매와 부모, 양육자도 두루 챙기는 건 당연해진다.

"어떤 인간이라도 조건이 맞아떨어지면 언제든 학대 가해자가 될 수 있어."

일본에서 나온 책 『나는 아동학대에서 아이를 구하는 케이스워커입니다』에 나오는 구절이다. 이 책에는 간절하게 원해서 난임치료 끝에 어렵게 아이를 낳고 아이를 정말 사랑했던 어머니가 극한의 한계에 내몰려 아이를 학대하고 만 이야기가 나온다. 어려운 조건이 학대를 정당화할 수는 없다. 그러나 조건을 무시해서는 안 된다. 반짝반짝 프로젝트는 아동학대에 대응하기에 앞서 그런 일이 일어나지 않도록 조기에 개입하고 지원하는 데 주력한다.

그런데 집안일에 간섭하지 말라고 빗장을 걸면 민간 기관 활동가가 아동의 집으로 들어가는 건 법적으로 불가능하다. 위기를 감지해도 개입하기가 어렵다. 전담 공무원들도 어려워하는 문제다.

나영은 진료실을 아이의 삶으로 들어가는 관문으로 여긴다. 병원만의 장점이 있다. 의료진 말에는 양육자가 일단 귀를 기울인다. 그렇게 나영의 권유에 조금이라도 관심을 보이면 그 기미를 놓치지 않는다. 센터 활동가가 바로 병원으로 올라와 아이와 보호자를 만나 상담을 시도할 수 있다.

물론 센터에서 연결을 시도하고 아이가 아무리 원해도 아이 양육자가 원치 않으면 작은 프로그램조차 시도하기가 어렵다. 그런데 이렇게 병원의 주치의 주선으로 활동가의 구체적인 제안을 받으면 가능성의 끈을 잡을 수 있다. 운동, 미술치료, 상담 같은 건 그림의 떡이고 평소 자신의 삶과는 동떨어진 것이라고 여기던 이들에게도 '우리 오늘부터 1일 할까요?' 같은 연인들의 대사처럼, 한 발을 내딛을 수 있다. 그한 발이 중요한 출발점이 된다.

시간과 마음을 아이에게 나눈다는 것

경아는 자해를 경험했거나 자살을 시도했던, 발밑이 푹 꺼진 아이를 만나기도 한다. 아이의 성장과 발달은 밥 먹이고 학교 보내는 것으로 채워지지 않는다. 그중 절실한 것이 역할 모델이다. 저런 어른이 되고 싶다는 모델.

경아가 좋아하는 일본 드라마에는 이런 에피소드가 있다. 열두 살 중학생 소녀, 어머니는 일찍 돌아가셨고 아버지는 중증 알코올의존증 환자다. 아버지는 방에서 술만 마시면서 만화가로서 화려했던 전성기를 뻐기기만 한다. 소녀는 학교에서도 생활보호대상자라고 왕따와 괴롭힘을 당한다. 신문 배달 같은 아르바이트도 하고 학교를 적당히 빼먹으며 버티는 삶이다.

그런 소녀에게 다가오는 관계가 생긴다. 아버지의 옛 베스트셀러를 전자책으로 복간하자면서 출판사 편집자인 젊은 여성이 찾아온다. 어머니 죽음 이후 처음 집에 온 손님이다. 그녀는 소녀에게 책을 선물하기도 하고 단골 서점에 데려가 친한 직원을 소개시켜주기도 한다. 아끼는 작가와 책을 숭배하듯 소녀에게 소개하는 중년의 서점 직원을 보며 소녀는 모처럼 웃음 짓는다. 귀갓길에 소녀는 처음으로 마음을 트며 말한다. 자기 일을 열심히 해내는 어른을 보면 안심이 된다고.

아이에게 역할 모델은 대단한 성공을 이룬 인물이나 특별한 전문직일 필요는 없다. 신뢰가 가는 어른이면 충분하다. 자기 일을 열심히 해내는, 자기 몫의 삶을 살아내는 어른 말이다. 경아가 보기에 마을 주민들은 아이에게 가장 좋은 역할 모델이다. 헬스클럽 관장을 비롯해 곳곳에 포진한 주민들이 있다. 소방공무원이 되고 싶다는 아이에게 그와 관련된 훈련을 알려주는 분도 있고, 장학금을 만들고 센터를 위해 이런저런 특별행사를 기획하는 상인회 같은 곳도 있다.

그런 사람들을 연결하는 일을 하는 경아는 돌아다니는 앱과 같다. 지원하고 연계할 수 있는 정보와 사람이 경아에게 탑재된다. 경아가 연결을 시도하면 요청을 받은 쪽이 성가셔하거나 내빼는 일은 드물다. 대체로 우호적이다. 공무원은 연결할 수 있는 공적 서비스를 알려주고, 이 동네에 없는 것은 다른 쪽을 수소문하여 알아봐준다.

완벽하게 세팅하고 시작한 일이 아니다. 움직이면서 만들어간다. 아이의 상황도 천차만별이다. 미리 다 규정한 매뉴얼대로 작동하는 게 아니라 아이의 상황에 따라 시행착오를 거쳐 지도를 고쳐 그리는 식이다.

그러려면 마을 주민들의 모세혈관, 실핏줄 같은 연결망 그리고 참여가 필요하다. 관심 끄고 살면 편한데 자기 에너지를 써야 하는 성가신 일을 마다하지 않는 사람들.

경아가 하는 일과 같은 민간의 선도적이고 창의적인 실천은 정부의 공무에도 영향을 끼쳤다. 최근 정부에서 경아의 센터와 비슷한 활동을 담은 시범사업을 내놓았고 여러 지자체에서 이를 시작했다. 전국 최초로 아동보호팀을 신설한 곳도, 관련 공무원 수가 비교적 많은 곳도 경아 동네가 있는 지자체다. 공적인 것이 정부의 일에만 해당하는 게 아니라는 증거다.

사회서비스의 시간과 기관을 늘리는 것도 물론 필요하다. 그러나 부모는 장시간 일하고 그 시간 동안 민간이든 공공이든 시설에 아이를 의탁할 수 있도록 만드는 것이 돌봄 정책이 아니다. 아이를 중심에 두고 저마다 해야 할 바를 마련할 필요가 있다.

돌봄은 연습이고 배움이다. 시간이 쌓이고 관계가 쌓여야 한다. 아이의 필요, 아이와 소통하는 법을 모르는 양육자도 많다. 돌봄에 대한 사회적 책임은 양육자와 아이가 함께하는 시간을 마련하고 정서의 교류를 지지하는 사회 구조다.

일상생활, 경제활동을 하면서 아이를 낳아 돌봄을 책임지는 일은 도저히 엄두가 나지 않는다고들 한다. 아이를 낳든 않든, 결혼을 하든 안 하든, 누구나 아이 양육에 참여하는 것이 필수 시민교육이 됐으면 좋겠다. '내게 아이가 없다고 다른 집 아이의 머리에 비가 내리는 걸 두고만 볼 수는 없지'* 라는 태도가 바로 사회적 양육일 것이다.

지금 발 딛고 선 곳을 더 단단하게

나영과 경아 두 사람은 오늘 마음이 바쁘다. 운영위원회가 열리는 날이다. 어떤 아이를 새로 지원할지, 현재 지원하

---

* 클레이 키건, 『맡겨진 소녀』(허진 옮김, 다산책방, 2024).

고 있는 아이는 지원을 지속할지 종결할지 등을 다루는 회의다. 기금은 다양한 사람들이 함께 마련한 금고이기에 한정된 자원 안에서 어떤 아이를 얼만큼 지원하느냐는 골머리를 앓는 숙제다.

어느 선에서 자를 것인가? 정부 프로그램처럼 빡빡하게 자산을 기준으로 삼지는 않는다. 형편이 괜찮은 가정이더라도 아이는 방임되고 학대당할 수 있기 때문이다. 방임, 학대는 아니더라도 절실하게 도움이 필요한 아이도 있다. 하지만 자원은 한정적이다. 어느 정도에서 지원을 자를지 늘 고민한다. 아이에게 꼭 필요한 서비스를 최대한 안내하되 경제 사정이 비교적 괜찮다면 본인 부담이 있을 수 있다고 안내를 하자고 합의해본다.

처음 마음을 열기가 어렵기에 굉장히 뜸을 들이는 아이나 양육자가 있다. 다른 시급한 경우부터 지원하기로 하지만 쭉 안 나오다가 마음이 열리면서 다시 연결을 바라는 경우가 있다. 초반에 판단하지 말고 장기적으로 기다리며 끌고 가자는 결정이 쉽지는 않다. 다른 사례들도 많으니 그 사례는 그냥 종결하면 어떻겠냐는 말을 서로 어렵게 꺼낸다. 어느 성원이건 어떤 아이에게건 사례 '종결'이라는 단어를 쉽사리 쓰고 싶어 하지 않는다. 지속적으로 지켜봐야 한다. 외국의 경우엔 사례 종결 후 20년 정도 후까지도 추적조사를 하며 후속조치를 고민한다는데, 그 정도는 아니더라도 센터를 거친 아이들의 자취를 따라가보고 싶다. 당장 보이는 성취가 아니라 오래 걸릴 수밖에 없는 성장을 동행하는 기다림의 미학이다.

일단 지원부터 해보고 더 필요한 돈은 또 구해보자는 식의 결론을 되풀이하고 말았다. 얼만큼 더 모을 수 있을지 난감하지만, 눈앞에 놓인 어떤 아이의 상황을 보며 '신청을 그만 받자'고 말할 수 없는 게 참여자들의 이심전심이다.

나영과 경아는 건강 도시를 꿈꾼다. 꿈의 색깔은 각자 달라도 이곳에 거주하는 모든 사람이 존엄하게, 차별 없이, 개성을 발휘하며 사는 것이 건강이라 여긴다. 이곳의 삶이 어떤 사람들의 삶으로 구성되어 있는지, 그중에서도 제일 힘든 사람들의 삶이 구체적으로 어떤 모습인지를 알 수 있어야 변화를 위한 보완과 새로운 모색이 가능할 것 같다.

두 사람이 활동하는 모태인 병원만 해도 하루아침에 만들어진 게 아니다. 특별시에서 밀려난 빈민들이 집단이주를 당하고서 정착한 곳이다. 그때도 모자라고 구멍난 것 투성이였다. 의료라 할 것은 아예 없다시피했다. 그때 사회의학을 고민하던 사람들이 주민들과 협력해 병원을 세웠다. 그 병원이 수십 년 지난 지금까지 지역사회의 1차 돌봄 지킴이를 하고 있다. 두 사람은 주민들이 이런 배경을 알면 이곳에서의 삶을 다르게 느끼고 이 지역에 맞는 운영 방식을 결정해나갈 수 있을 거라 희망한다.

사회란 그저 사람이 모여 있기만 한다고 생기는 것이 아니다. 모여 사는 사람들이 어떤 가치를 추구하며 사느냐가 그 사회의 성격을 결정한다. 아이를 같이 기르겠다는 가치를 추구하며 저마다 할 일을 나누는 것이 살 만한 사회, 그런 사회에서 같이 이루어지는 활동이 사회적 양육이라 할 것이다.

그 사람이 보였다!

방문진료

수다의 여왕

'아차! 할머니 혈압도 안 재고 나왔네.'

사라는 또 아차 싶었다. 첫 만남에서 이름을 말했더니 "뭐? 살아? 이름이 '살아'야? 나보고 이렇게 더 살라구?" 했던 할머니를 만나고 나온 참이었다. 할머니는 오늘 축 처져 있었다. 자기는 반지 하나 해줄 자식도 없는데, 노인복지센터 가면 목걸이며 팔찌며 주렁주렁 차고 나타나 맨날 자식 자랑 남편 자랑하는 어떤 이 때문에 오늘 따라 서러움이 북받쳤다고 했다.

"어머니, 그간 잘 지내고 계실 줄 알았는데 왜 그래요?"

"내가 이렇게 살아서 뭐 하나 싶어. 며칠 전에는 산에 가서 죽으려고 뒹굴었지."

"어머니, 그렇게 해서 안 죽어."

사라의 말에 코가 빨개져 울던 할머니가 피식 웃었다.

"그래. 그래가지고는 안 죽더라."

"할머니, 고구마 쪘나 보네. 구수한 냄새 나는데?"

"고구마 하나 먹을려?"

고구마 먹으며 수다를 떠는 동안 할머니는 언제 울었느냐며 시치미 떼는 표정으로 바뀌었다. 그렇게 한바탕 수다를 떨고 다음 일정 때문에 서둘러 나오다 정작 할머니 혈압은 재지도 않고 그냥 나온 것이다. 이런 날이면 짓궂은 동료는 말한다.

"아이고. 고급 인력이 말벗만 하고 왔네."

'고급 인력'에 찍힌 스타카토를 느끼며 사라는 피식 웃는다. 다음에 할머니 만날 때는 같이 염색을 해볼까? 원장님이 알면 펄쩍 뛰겠지? 다음에 같이 밥 먹을 때 슬쩍 얘기해볼까? '아니, 원장님! 환자가 외모에 신경 쓴다는 게 얼마나 좋은 징조인데요. 방문 가서 염색하고 매니큐어도 칠하고 그럼 안 돼요? 이것도 살고 싶게 만드는 데 필수라고요.' 원장님 표정을 상상하기만 해도 웃음이 나온다. 무슨 말을 할지도 뻔하다. '사라 선생님, 선생님이 해야 할 일을 생각하세요.'

사라는 병을 돌본다는 것, 환자를 돌본다는 것이 뭔지 생각해본다. 혈압을 재지도 않고 할머니 손만 잡고 등만 쓸다 왔으니 말이다. 건강을 지키는 사람은 의사인 사라 이전에 할머니 자신이다. 할머니 스스로 살고 싶어야 한다. 할머니를 아프게 하는 건 만성질환만이 아니다. 고립이다. 고립을 고치는 약은 없다. 누군가 찾아와 손잡고 생활 환경을 들여다보고 생활 습관을 만들어가는 활동이 더 절실하다.

진단, 치료라는 말보다는 돌본다는 말이 지금 사라의 활동에 적절하다. 사라에게 의료는 병원 안이 아니라 병원 안팎을 넘나드는 것이자 환자의 몸이 있는 곳에서 일차적으로 수행되는 활동이다. 오늘 할머니에게는 사라의 존재 자체가 치료제 역할을 했다. 웃을 수 있게, 고구마라도 입에 넣을 수 있게 만든 치료제. 돌보는 의료에서 중심은 관계다.

'지역사회 통합돌봄'이라고 정부 차원의 각종 시범사업과 정책이 나오고 있다. 1차의료 만성질환관리 시범사업, 장애인 건강주치의 시범사업, 1차의료 방문진료수가 시범사업, 장애친화 건강검진기관 운영, 다제약물 관리사업, 가정호스피스…. 하나같이 의료기관 없이는 할 수 없는 일들이다.

통합돌봄에서 가장 어려운 지점이 의료의 부재다. 현장에서 돌봄과 복지는 비교적 잘 통합되는 경향이 있다면 의료는 늘 아쉬움의 대상이다. 의료진 구하기가 아주 어렵기 때문이다. 돌봄 의존자를 일상적으로 들여다보는 사회복지 공무원, 생활지원사, 요양보호사 등이 있다. 이들이 '지금이 병원에 가야 할 때'라고 언제 어떻게 판단해야 할까? 당사자가 괜찮다고, 안 가겠다고 버틸 때, 돌보는 가족이 없을 때, 그럴 때 진단과 치료가 필요하다고 설득하고 판단하려면 어디에 기댈 수 있을까? 그럴 때 사라 같은 의사가 방문진료를 하면서 그 역할을 해준다면 길이 열린다.

또 예를 들어 이동하기 어려워 병원에 가지 못하는 이들도 있다. 이런 분들은 대개 출처와 입수 과정이 미심쩍은 약을 바리바리 쌓아놓고 복용한다. 그 결과 몸이 더 나빠지는 경우도 잦다. 그렇다고 누가 갑자기 나타나 약을 그렇게 먹으면 몸에 더 나쁘니 약을 줄이자고 해도, 선뜻 동의할 수가 없다. 약은 먹자고 하는 것보다 줄이자고 설득하기가 어렵다. 관계는 굴곡이 있고 끝없는 협상이다. 그럴 때 꾸준하게 신뢰를 쌓아온 의사가 그 역할을 하면 받아들이기가 쉽다. 그리고 그런 신뢰는 당사자의 삶의 현장에서 더 단단하게 쌓을 수 있다.

수다의 여왕인 사라더러 권위가 없다는 사람도 있다. 그러나 사라는 생각한다. 오히려 권위를 써먹고 있다고. 권위는 상하관계를 설정해 지시하고 지배하려는 권위의식과는 다르다. 권위가 뭔데? 상대방이 사라를 인정하고 사라의 말을 받아들여야만 획득되는 관계다. 사라는 의사라는 권위를 통해 소통한다. 환자들이 존중해주는 권위, 이 의사가 당연히 환자인 나를 위해 애를 쓰고 선의와 의지로 대할 것이라는 기대 말이다. 사라의 제안이 의사라는 공신력으로 설득된다.

왕따를 해결하고 변기를 고치는 의사

사라가 하는 활동을 방문진료 또는 재택의료라고 부른다. 사라 나름의 정의는 '관계를 의료의 초점으로 불러오는 일'이다. 사라가 영국의 보건의료 종사자들에 관한 『사랑의 노동』이라는 책을 읽고 느낀 바가 바로 그랬다. 관계는 구매하거나 강요할 수 없는 선물이다. 방문진료에서 맺는 관계는 사라가 일방적으로 베푸는 관계가 아니라 당사자가 용기 내어 문을 열어준 관계이기도 하다. 고구마를 나눠 먹은 할머니처럼 혼자 살아도, 가난해도, 이웃의 돌봄 속에서 살아가고 노후를 보낼 수 있는 마을을 만드는 일이 바로 방문진료가 존재하는 의의다.

'가진 건 몸뚱아리뿐'이라는 말들을 한다. 몸이 재산이라면 법적인 의미를 떠나서, 또 상식과는 달리 사라는 몸은 부동산이라고 생각한다. 건물, 토지가 움직일 수 없어 부동산이라 부르듯, 사람도 관계 속에서 살아가기에 훌쩍 옮겨 살기 어렵다고 생각하기 때문이다. '살던 곳에서 나이 먹기(aging in place)'는 요즘 분야를 막론하고 강조되는 개념이다. 그리고 살던 곳에서 나이 들 수 있으려면 그곳에 의료, 복지, 돌봄 등이 잘 조합된 관계망이 있어야 한다.

병원 대신 환자의 집이 사라의 활동 무대라면 최첨단 진단장비 대신 사라가 갖춘 건 든든한 팀이다. 방문의료는 사라 같은 방문진료(왕진) 전담 전문의뿐 아니라 코디네이터인 사회복지사를 비롯해서 간호사, 약사, 작업치료사, 물리치료사, 치위생사 등이 팀을 이룬 협업이 기본이다. 의사 처방에 따라 약물 치료, 재활치료로 이어져야 하니 방문진료 시스템에서는 누구나가 다 필요하고, 중요하다.

자원봉사, 건강지도사, 생활지도사 등 다양한 이름으로 돌봄에 참여하는 시민들도 방문진료에 중요하다. 사라의 동료 사회복지사 선생님은 호언장담한다. "이 돌봄의 달인들이 입을 열기 시작하면 돌봄에 난리가 날걸!" 평생 이런저런 돌봄을 해온 이들이니 '돌봄의 달인'이고, 그래서 돌봄이 지긋지긋할 법도 한데 중년 이후에 또 이웃을 보살피겠다고 나섰으니 이들이 돌봄에 대해 '사회적 수다'를 떨기 시작하면 대폭발이 일어날 거라는 말이다. 사라 또한 수다가 좋다. 수다 떠는 돌봄! 시끌벅적하고 좋지 않은가.

방문진료를 하면 할수록 사라는 의료란 통합적인 삶 속에서 '질병'만 따로 떼어내 보는 게 아니라는 생각이 강해진다. 사라가 만난 어느 당뇨 환자는 사라 앞에서 정작 당뇨 얘기는 별로 하고 싶어 하지 않는다. 자기 몸보다도 물이 새는 집이 당장 고민이다. 곰팡이의 형세가 이미 장난이 아니며 곧 비 많은 여름이 닥칠 텐데 그때 무슨 일이 생길지 두려울 것이다.

사라는 관할 동사무소에 전화해 주거 지원이 가능한지 물었다. 전에는 이런 전화를 걸면 이 부서 저 부서로 미루거나 의사가 그런 것도 하느냐는 질문이 돌아왔다. 이런 일이 반복되니 부서 사이를 가로막고 있던 칸막이가 트였고 공무원의 응답도 달라졌다. 그런 날이면 "나는 온종일 전화만 걸고 있네" 혼잣말이 나오고, 그걸 들은 동료는 또 "아이고. 고급 인력이 전화만 걸고 있네" 해서 마주 보고 웃는다.

유독 전화를 많이 돌린 날, 사라는 유학 시절 스승에게 들은 이야기를 떠올린다. 사회적 의료에 관심이 많은 스승은 젊은 시절 쿠바 여행 이야기를 종종 했다. 그곳에는 동네마다 마을마다 의료원이 있었다고 한다. 소박한 건물 1층은 의료원이고 2층에는 보통 의사가 살았단다. 그런데 의사는 오전에는 외래 환자를 보고 오후가 되면 왕진을 다녔다.

그게 신기해서 사라의 스승은 자신을 미국에서 온 의사

라고 소개하고서 그를 따라다녔단다. 그리고 그곳에서 큰 병원에서 퇴원해 자기 몸을 돌봐야 하는데 아픈 것보다 당장 변기가 고장 나 손을 쓸 수 없는 환자, 자기 질병보다 같이 사는 손자가 왕따를 당하는 것 같아 걱정하는 할머니를 만난다. 또 왕진에서 돌아와 변기를 고쳐달라고, 왕따에 개입해달라고 관공서며 청년단체며 연신 전화를 돌리는 의사를 본다. 병 보고 약 주는 것 말고, 사람과 사람을 연결해 연결의 연쇄고리를 만든 의사가 너무 '신기해 보였다'고 한다.

사라 역시 진료를 볼 때마다 미국에서 겪은 첫 방문진료 때의 경험을 반복재생한다. 대단히 드라마틱한 일은 아니었다. 그냥 사람이, '그 사람으로 보였다'는 기억이다. 병원에 오는 80대 환자 부부였다. 후줄근한 차림으로 병원에 와서 배가 아프다고 했다. 그런 그들 집을 방문했다. 황량한 터에 나무로 얼기설기 지은 집이었다. 그런데 여기저기 꽃들이 만발해 있었다. 토마토도 키우고, 길 잃은 개도 거두어 키운다고 했다. 후줄근한 옷차림은 다른 말로 하면 자유로운 히피 스타일이었다. 그들은 사라에게 아이스크림을 내주었다. "아니, 당뇨 때문에 아이스크림 드시면 안 된다니까요." 사라의 말에 노부부는 "에이, 뭐" 하며 히죽 웃었다. 별것 없었다. 그러나 굉장한 인상을 받았다.

귀국한 후 진료실에 앉은 사라는 병이 아니라 사람을 보려는 노력을 이어갔다. 하지만 병원 시스템 속에서는 별수 없었다. 줄줄이 기다렸다 들어온 환자에게 "뭣 때문에 오셨어요?" "아, 고혈압이요." 그런 말 다음에는 별 얘기할 새 없이 끝이다.

배가 자주 아프다고 온 환자 얘기를 들어보니 직장에서 스트레스를 너무 많이 받았다. 죽고 싶다고, 일을 당장 그만둬야 하나 고민이라고 했다. 그게 배가 아픈 이유 같아 보였다. 그러나 얘기를 더 들을 수가 없었다. 문 밖 대기자들의 불만이 끓어오르는 건 보지 않아도 알 수 있다. 진료 시간이 짧으면 진단을 위해 각종 검사를 많이 할 수밖에 없다. 충분하게 진료하는 건 보상이 없고, 이것저것 검사하면 돈을 번다. 그게 지금의 시스템이다.

길목을 지키는 의사

듣고 싶은데 들을 수 없는 사라 쪽이 답답하다면, 말하고 싶고 묻고 싶어도 그럴 수 없는 환자 쪽은 어떨까? 사라는 쉬는 날이면 가끔 연로한 아버지의 병원 진료에 동행한다. 아버지는 이것저것 묻는 게 체질인 분이다. 호기심 천국 같은 품성이다. 호기심은 병원에서도 멈추지 않는다. 게다가 자기 건강과 관련된 문제니 질문이 꼬리를 문다. 그럴 때마다 사라는 안절부절못한다. 의사나 간호사는 사라에게 빨리 모시고 나가라는 눈치를 준다. 위치가 바뀌니 조바심이 난다. 평소 자신은 환자나 보호자에게 속마음은 급해도 말로나마 '천천히 하시라' 했는데, 환자의 보호자 자리에서는 아버지에게 '빨리빨리 하시라' 구박과 재촉을 하게 된다.

충분한 얘기를 나누고 싶다는 것 말고 사라를 괴롭힌 문제는 또 있었다. 굳이 이렇게까지 고생해서 병원을 찾아야 하나 싶은 사례를 많이 봤다. 전문의와 큰 병원을 선호하고, 또 그렇게 진료 보는 걸 건강관리, 효도라고 여기는 일부의 경향을 무시할 수가 없다. 한 달에 한 번 서울의 큰 병원에 가서 일곱 개 진료과를 도는 고령 환자가 있다. 처방약도 겹치고 그 자체로 무리한 일정이다. 모시고 다니던 아드님이 병이 났을 정도다. 이제는 20대 손녀가 동행한다. 한 달에 한 번 할머니 진료에 손녀의 1년 연차를 모두 쏟아붓는다.

반대 사례는 더 속상하다. 거동이 불편해 집 밖으로 나오기도 힘들고, 휠체어가 오가기 힘들 만큼 길이 울퉁불퉁하고 대중교통도 없다시피한 곳에 사는 고령자들이다. 정작 진료가 필요해도 병원에 가지 못한다. 그러니 가족, 돌봄 노동자 등 누군가가 대리처방을 받는다. 반년 치 약을 한꺼번에 타다 놓기까지 한다. 환자를 직접 보지 않는 대리처방은 불안하기 그지없다. 게다가 병세는 그때그때 다르고 나이 들수록 증세 변화가 심하다. 영양실조로 저혈압이 되어도 고혈압

약을 계속 먹고, 기간이 지난 약, 겹치는 약을 쌓아놓고 대충 먹는다. 제때 끼니를 챙기지 못하면서 약을 먹으니 부작용도 무섭다. 병원에 잘 가지 못하니 약에 더 의존하게 되고, 그래서 누가 약을 끊으라, 줄이라 하는 말도 성가시고, 악순환이다.

사라는 환자들의 길목을 지키며 안내하는 '첫' 의사가 되고 싶었다. '첫'을 다른 말로 하면 '1차 의료 의사', '주치의'다. 질병, 노화, 장애 등이 복합적으로 나타나는 길에서 환자나 환자 주변인들은 혼란스럽고 갈팡질팡할 수밖에 없다. 여기에 복잡하고 전문적인 용어, 접근하기 어려운 정보, 불친절한 제도, 시간과 돈의 압박까지 더해져 혼을 쏙 빼놓는다. 환자는 과잉 또는 과소에 치우친 결정과 실천 사이에서 헤맨다.

1차 의료에서 변화를 지켜봐온 의사가 주치의로서 특별히 안 좋아질 때 방문진료를 가고, 또 정기적으로 찾아가 관리할 수 있다면 어떨까? 거동이 불편한 환자가 병원의 미로를 헤매야 하고, 낯선 의사에게 처음부터 다 다시 설명해야 하고, 또 꼬리에 꼬리를 무는 검사를 해야 하는, 그런 험난한 길을 가지 않아도 되지 않을까?

방문진료를 경험한 다른 의사가 쓴 글이나 인터뷰를 보면 '길 위의 의사'라는 표현이 나오곤 했다. 사라는 환자의 길목을 지키며 낯선 길을 안내할 수 있는 그런 이정표가 되고 싶었다. 그런 이정표의 끝은 환자의 죽음일 수도 있다. 공격적인 치료만이 길이 아니라 다른 길들이 있음을 가리키는 이정표가 될 수도 있다.

고령이 되면 입원치료가 더 위험할 수 있다. 누워 지내는 짧은 입원으로도 보행 능력이 나빠지고 근력이 상할 수 있다. 친밀한 환경이 낯선 곳으로 바뀌는 것 자체가 큰일이다.

그런데 살던 곳에서 산다는 것이 덩그러니 방치하는 것이라면 의미가 없다. 당사자나 일부 가족의 의지만으론 역부족이다. 부여잡을 끈이 필요하다. 살던 곳에서 머물 수 있으려면 지역사회에서 접근 가능한 방문진료가 필수다. 방문진료가 버팀목이 돼주면 호흡곤란처럼 환자에게 시시때때로 찾아드는 받아들이기 힘든 신호에 덜 공포스럽게 대응할 수 있다.

서울 같은 대도시에서는 지하철역 입구를 나오자마자 온통 병원 간판이다. 임대를 기다리는 건물들에는 '병원 입주 환영'이라는 현수막이 걸려 있다. 헬스클럽, 필라테스, 약국 같은 것들도 비슷하다. 온데 병원뿐인데, 온데 건강 관련 시설인데, 거기 갈 수 없다면 먹지 못할 떡이요 마시지 못할 물이다.

그런 사람들이 어디 있냐고? 병원 가면 사람들 줄이 꼬리를 물고 있는데? 사라도 방문진료를 하기 전에는 몰랐다. 아니 별 생각이 없었다. 환자가 병원을 찾아와야 한다는 게 너무 당연했다.

환자가 있는 곳으로 의료진이 찾아가는 건 왜 상식이 아니지? 쌍방향이어야 하는데 왜 일방통행뿐일까? 모두들 '의료 접근성'을 강화해야 한다고 하는데 의료인이 환자 있는 곳으로 찾아가는 '환자 접근성'은 어디서 찾을 수 있지? 게다가 병원이 차고 넘치는 건 도시의 풍경이다. 농어촌에서 옛시대물에 나올 법한 '의원' 간판을 만나면 과연 진료를 보는 곳인지 간판만 남은 것인지 궁금했다.

사라가 방문진료를 하는 게 무슨 거창한 사명감에 이끌린 것은 아니다. 무엇보다 사라는 일을 너무 많이 하고 싶지 않았다. 재밌게 살고 싶었다. 이 집 저 집에서 된장도 얻어먹고 새로 담근 젓갈도 나눠 먹고, 사라는 그런 게 재밌다. 착착착 정신없이 돌아가는 거대한 병원 시스템에서 너무 긴 시간 죽도록 일하는 대신 재밌게 살고 싶었다. 차를 해마다 최신형으로 바꾼다는 어느 동기의 소문, 매년 인테리어를 새로 하고 확장한다는 그런 인기 과 얘기를 귓전으로 흘렸다. 보다 적은 시간 일하고, 여유가 있기에 제일 편하게 연락할 수 있는 동네 의사가 되는 게 좋았다.

사라는 누구의 집이나 방을 찾을 때마다 한국 로맨스 드라마의 흔하디흔한 장면을 떠올린다. 서로 호감이 깊어지면 주인공들은 자기 집이나 방으로 상대를 초대한다. 상대는 방의 장식물, 책장, 침대 등을 천천히 들여다본다. 그리고 흔히 하는 대사가 있다. "방이 ○○ 씨를 닮았네."

물론 환자들의 집, 방은 로맨스 드라마의 배경과는 많이 다르다. 넘어져서 다쳤다며 자주 찾아오는 환자가 있었다. 왜 자주 넘어지는지 집을 보고 단박에 알았다. 방에 턱이 너무 많았다. 전선들이 바닥 여기저기 꼬인 채 널브러져 있었다. 수도꼭지가 자꾸 고장 나고 너무 뻑뻑해 힘을 줘서 돌리다 넘어지는 일도 잦았다. 그의 온 환경이 환자에 대해 수다스럽게 말하고 있었다.

그렇게 누군가를 '방문'했다가 사각지대에 방치된 상황을 '발굴'할 때도 있다. 진료 대상자인 노인을 만나러 갔더니 그에게는 나이 많은 발달장애 딸이 있었다. 정부 시범사업 중에는 '장애인 건강주치의 제도'가 있다. 사라가 속한 조직에서도 하고 있었다. 그런데 정작 당사자를 만날 수가 없었다. 중증장애 당사자들은 이런 제도를 모르고, 장애인 주치의를 하려는 의욕을 가진 의료진, 병원은 중증장애인이 어디 있는지 모른다. 그런데 방문진료로 집집을 다니다 만나게 된 것이다. 이런 만남 또한 '다행이다' '운이 좋았다'로 그치지 않기를 사라는 기도한다.

사라는 스스로도 '운이 좋았다'고 생각한다. 자기 뜻대로 방문진료를 할 수 있는 시스템과 접속이 가능했기 때문이다. 별별 얘기 다 나누는 진료는 사라 개인의 의지만으로 할 수 없다. 사라 자신은 자신이 말이 많고 수다를 좋아하는 체질이라 여긴다. 그게 1차 의료 주치의가 되기에 자산이 되는 것 같다. 그러나 의과대학에서 환자와 대화하는 법을 배우는 의사는 없다. 지금은 시간이 없어서라고 말할 수 있지만 아마 시간이 많아도 지금까지 하던 대로라면 환자와 얘기할 줄을 모를 것 같다. 어디가 아픈지 묻고 질병에 대해 설명하는 것 말고는 말이다.

수다와 오버로 무장한 사라보다 동료들은 한술 더 뜬다. 방문 대상자 중에 유독 냉기가 흐르는 분이 계신데 어느 날은 분위기가 사뭇 부드러웠다. 알고 보니 사라가 방문하기 전에 사회복지사가 그분께 따로 전화를 넣어놨었다. 생신이셨는데 축하 못 드렸다고, 떡도 못 챙겨드려서 죄송하다고, 이제라도 축하드린다고, 건강하시라고.

그런 동료인 사회복지사 선생님 없이는 집 수리, 영양 지원, 정서 지원 등을 연계하는 포괄적인 돌봄은 물론이고, 대상자에게 접근할 엄두조차 내지 못할 것이다. 십수 가지 약을 복용하는 만성질환자에게 복약 정리 방법을 알려주는 약사, 사라가 진료를 본 후에 정기적으로 찾아가는 작업치료사, 구강위생을 관리하는 치과위생사 등 다분야의 전문가 동료들의 믿음직한 조치가 없다면 사라는 애써 환자를 찾은 보람을 느낄 수가 없을 것이다. 또 먹는 게 큰 일이고 먹는 게 반인데, 도시락 배달 등으로 함께하는 주민들의 돌봄 또한 큰 줄기다. 제때 끼니를 챙겨야 약이든 치료든 받아들일 수 있는 몸이 될 수 있다.

병원에 가면 의사들이 처방과 함께 흔히 운동을 하라고들 말한다. 환자가 진짜 운동을 하는지 안 하는지, 운동에 접근할 수 있는 환경인지 헤아리지 않고 일방적으로 내놓는 처방이다. 운동이 중요하고 필수이니까 당연히 하는 말이다. 사라의 방문의료팀에서는 환자에게 운동이 필요한 경우 건강관리팀의 운동 동호회와 연결한다든지, 몸 상태, 특히 장애 정도에 따라 할 수 있는 운동에 연결을 시도한다.

한번은 하지절단 상태인 주민이 방 안에만 있으니 자꾸 배가 나와 운동이 필요한데 어떻게 하면 좋을지 같이 궁리했다. 그는 장애가 생기기 전에는 자주 산을 타고 활달하게 움직였었다고 했다. 평평하고 너른 바닥 공간이 있으면 손을 이용해 운동을 할 수 있을 것 같았다. 가까운 장애인복지관 강당에서 운동할 수 있도록 연결했다. 밖으로 나오기가 어려운 분들은 물리치료사나 작업치료사가 방문하여 운동을 지원할 수 있다.

먼저 찾아가 묻는 의사들

의사의 방문진료는 기존의 시스템에서 떨어져 나온 별종이 아니다. 또 하나의 시스템이다. 방문의료팀을 꾸리려는 의지가 있는 지자체, 의료협동조합 같은 조직, 다분야의 전문 인력, 지속 가능한 재정 지원 등이 없이 혼자 자원봉사로 할 수 있는 일이 아니다. 방문진료에는 의료와 복지, 주거 같은 제도와 각종 정책이 얽혀 있다. 그 다양한 분야가 협력해야 한다. 그러나 방문진료에 대한 관심과 인식은 실망스러울 만큼 낮다. 2024년 9월 현재 방문진료는 시범사업에 불과하다. 전국에 재택의료센터는 25개뿐이다. 정부에서는 늘린다고 말하지만 가봐야 알 일이다.

또 현행 의료법으로는 방문진료에 법적인 한계가 있다. '의료인은 이 법에 따른 의료기관을 개설하지 아니하고는 의료업을 할 수 없으며 그 의료기관 내에서 의료업을 하여야 한다.'(의료법 제33조 제1항) 병원 바깥에서 의사가 진료하는 건 상황에 따라 불법이 될 수 있다. 방문진료가 제3의 시스템으로 정착되려면 1차 의료 의사들이 참여할 수 있고 다학제 팀을 구성할 수 있는 재원과 구조가 필요하다. 사라는 방문의료 시스템을 만난 자신의 운이 '운'에 그치지 않길 바란다.

방문진료를 선의를 품은 개별 의사의 봉사활동이라 여기는 오해도 어쩌면 이 사업의 걸림돌이다. 왕진 가방 하나

달랑 들고 가난하고 고독한 환자를 찾아다니는 영웅의 서사. 주변의 지지와 덕담으로 기운이 고조된 어느 날, 문득 일본 영화 〈우리 의사 선생님(Dear, Doctor)〉이 떠올랐다. 오랫동안 무의촌이었던 산골에 수년간 정착해 최선을 보여준 의사가 있다. 의사는 성의를 다했고 마을 주민들은 진심으로 고마워했다. 어느 날 의사는 흰 가운만 남기고 사라진다. 그는 '가짜 의사'였다. 그가 갑작스레 사라진 뒤에야, 형사의 탐문이 시작된 후에야 마을 사람들은 깨닫는다. 정작 자신들은 그 '가짜 의사'에 대해 아무것도 아는 것이 없었다. 그가 입었던 하얀 가운이 불러일으킨 오해와 기대, 운 좋은 상황이 천하의 '명의'를 만들었다.

영화 속 의사 선생님처럼 사라는 자신을 계속 '대단하게' 만들어주는 이야기의 거품이 커져가는 걸 안다. 심하게는 슈바이처를 넘어 성스럽기까지 한 별칭들이 들려 온다. 영화 속 주민들처럼 이곳에 '귀한' 의사이기에 사라를 계속 그런 의사로 오해하고 만드는 것 아닌가?

방문진료를 좋아하고, 운이 좋았다고 말하지만 이 일이 쉽다는 뜻 또한 아니다. 이동 거리에 따라 하루 방문 건수는 달라지지만 영구임대아파트처럼 방문할 환자가 근거리에 모여 있는 경우에는 오전 오후 꼬박 매달려 여덟 집 정도를 방문한다. 기운이 쏙 빠진다. 우울과의 대화 속에서 치켜올리려고 온갖 오버를 하다 보니 그런 것 같다.

거절에 부딪힐 때도 많다. 힘을 쥐어짜 다가가고 아무리 공을 들여도 도움을 거절하는 환자도 많다. 마음을 줬다가 상처받은 경험이 많으니 스스로를 지키려는 방어기제가 작동하는 것이라 짐작한다. 화를 내고 문을 닫아걸면 어쩔 수 없이 다가가기를 멈춘다. 무언가 해달라고 하는 경우보다 거부하는 경우가 훨씬 어렵다. 누구에게도 무엇에도 기대하는 바가 없게 되기까지, 그가 얼마나 많이 거절당해왔을지 헤아리려 할 뿐이다.

찾아가 물어본다. 방문의 뜻이다. 찾고 묻기가 충분히 잦아질 때, 닫힌 방문이 빼꼼히 열리기를 고대해본다. 돌봄은 일방이 아닌 관계다. 문 열어주는 당사자의 참여가 필수다. 주민이자 당사자가 스스로 돌보는 힘, 서로 돌보는 힘에 기대어 사라와 동료들이 곁에 다가갈 때 스르르 열리는 문. 의료, 돌봄, 복지의 경계를 허무는 힘은 선언으로 되는 게 아니라 그런 만남과 부딪힘이다. 찾고 묻고 의심하고 회의를 품고 또 주변인의 지지와 덕담으로 기운 차리는 사라의 삶 또한 누군가의 지속적인 '방문'을 받고 있는지 모른다.

재생산을 생산하기

의료복지 사회적 협동조합

'전무이사?'

진영의 명함에 찍힌 직함을 보고 상대방이 움찔한다. '전무면 회사에서 제법 높은 서열 아닌가?' 그런데 자기 앞에 있는 이 사람의 연배나 행색은 그게 아니다. 진영의 일터는 이름도 긴 의료복지 사회적 협동조합, 줄여서 '의료사협'이라 부르는 곳이다. 이 긴 이름과 이름에 깃든 사연을 다 설명하면 상대방이 이번에는 몸을 비비 꼴 것 같다. 최대한 짧게 말해야 할 것이다.

"제가 속한 곳은 선생님이 알고 계시는 비영리 민간 단체와는 달리 경제 활동을 하는 곳이 맞습니다. 저희도 이익을 추구합니다. 그런데 시장경제 쪽으로 너무 치우쳐서 모든 가치를 화폐 가치로 환산해서 판단하는 그런 것과는 이익의 성격과 목적이 많이 다릅니다. 조합원의 민주적이고 경제적인 참여, 협력과 연대가 중요합니다. 보유한 주식 수만큼 결정권을 가지는 보통의 주식회사와 달리 협동조합에서는 조합원 모두 1인 1표입니다.

또 의료법상 의료기관은 의사나 국가 등만이 개설할 수 있어요. 그래서 오래전 무의촌이었던 마을 주민들이 스스로 의원을 세우려고 생활협동조합법을 이용해서 생협이란 이름으로 출발한 것이 의료사협의 시초입니다. 그렇게 조합의 역사가 쌓이면서 의료뿐 아니라 사회적 돌봄에 관심이 늘었어요. 그러는 동안 사무장 병원들이 짝퉁 의료생협을 만들어서 사회문제가 되기도 했고요.

이런 이유들로 지역사회 기여, 사회적 약자 연대 같은 사회적 책임성과 투명성을 강화하는 협동조합을 추진하면서 지금의 긴 이름으로 간판을 바꿔 달았습니다.

이 의료사협의 재정과 조직화 사업을 총괄하는 것이 전무이사인 저의 일입니다."

상대방은 알 듯 말 듯하다는 표정이다. 이런 만남을 수십, 수백 번 반복해야 한다. 진영은 눈썹이 휘날릴 정도로 뛰어다니며 사람을 숱하게 만난다.

재생산 활동을 하는 것이다. 흔히 돌봄을 재생산 활동이라 칭하는데 이 활동은 노동력 재생산이나 가족에 국한되지 않는다. 의료사협처럼 지역사회, 민간 조직 등에서 수행되는 유급, 무급 활동이 포함되며 이것이 만들어내는 것은 사회적 유대와 협력이다.

이를 위해 진영과 동료들은 우편물 보내고 전화하는 것에 그치지 않고 지역을 싹싹 훑으며 사람을 만난다. 이런저런 교육 활동을 만들어서 의료사협은 무엇을 하는 어떤 곳인지 줄기차게 알린다. 조합원을 늘리고 의료사협을 유지할 출자금을 모은다. 조합원의 건강 자치 활동을 북돋우는 크고 작은 행사를 만든다. 조합원만이 아니라 지역사회의 어려운 이웃을 살핀다. 생업에 바쁜 시간을 쪼개 이 모든 일을 같이 나누는 조합원이야말로 의료사협의 주인이며 사회적 재생산 활동을 지속시키는 동력이다.

돌본다는 건 돌아본다는 것

"내가 처음 조합을 만들 때는 말이야."

그 시절 얼마나 어렵게, 또 신나게 조합을 만들었는지, 왜 조합을 시작하고 가입했는지, 초창기 조합원들이 말하며 물꼬를 튼다. 조합의 허리 세대쯤에 해당하는 진영에게는 익숙한 스토리다. 그래도 들을 때마다 새삼스럽다. 얘기하는 분들 자신이 조합의 역사이기 때문이다. 얘기 속 주인공은 왕성한 활동을 하는 그때 그 사람인데, 그의 몸에는 세월이 움푹 파고들었다. 오래전 '우리 병원 하나 있으면 좋겠다'라고 생각하시던 분들이 이제는 '우리 병원이 늙어가는 우리의 노년기를 또 잘 돌봐주면 좋겠다'라는 기대를 표현하고 있다.

"조합원과 지역사회의 필요와 요구로 노인 돌봄을 비롯해 돌봄 관련 사업을 대폭 신규로 시작했어요."

기존 대의원과 새 대의원 후보가 만나는 워크숍 자리의 시작이다. 사업 현황을 나누다 보니 조합의 사업이 많고 복잡해졌다는 반응이다. '무의촌인 우리 마을에, 우리 주민이 의사를 고용해 마을 의원을 가져보자.' 그렇게 시작한 마을 의원이 소반에 차린 간장과 밥 정도였다면 지금은 어느새 육첩반상이 차려졌다. 의원, 치과, 한의원으로 의료기관이 늘었을뿐더러 돌봄 사업을 대폭 수행한다.

노인 돌봄을 위한 주간보호센터를 일단 시작했다. 만성질환 관리사업, 장애인 주치의 사업은 1차 의원과 결합하여 꾸준히 해온 것이고 장기적으로는 재가 호스피스와 마을 요양원도 추진하려 한다. 다른 의료사협이 하고 있는 사업들, 가령 1인 가구 돌봄 사업, 돌봄에 지친 돌봄자들을 돌보는 서로돌봄카페 같은 것도 열심히 참조하여 지역에 맞는 형태가 무엇일지 고민하고 있다. 정부에서는 노년 일자리 사업으로 분류하지만 의료사협에서는 돌봄 사업으로 여기는 '건강 돌봄 지도사' 양성 교육은 인기가 높다. 나름 활동력이 있는 노년은 이웃을 돌볼 수 있다는 데에 굉장한 자부심과 활력을 느끼고 돌봄 받는 분들은 또래끼리 이심전심이 통하는 돌봄에 만족도가 높다.

사업이 늘수록 조합원의 과업도 늘어난다. 그걸 꿰는 게 '사람 중심 돌봄'이자 '서로 돌봄'이란 가치이고 이것이 조합의 미래다. 의료사협의 노년 돌봄에는 '존엄 케어'라는 표제를 붙였다. 별다른 게 아니라 노년을 대상화해 수익의 도구로 사용하지 않겠다는 다짐이 바탕에 깔려 있다. 돌본다기보다는 일정 장소에 모아놓고 그냥 관리하는 행태 때문에 돌봄에 대한 신뢰가 떨어지는 것 같다. 노년이 된 조합원들이 늘 말씀하시듯 '내가 살던 곳에서 죽고 싶다'는 말은 임종하는 순간을 말하는 것이 아니라 생애 말년을 이곳에서 아는 사람들하고 같이 보내다 그들 사이에서 죽고 싶다는 말이다. 관계를 가장 중심에 두자는 의미로 '존엄 케어'라고 이름 붙인 것이다.

시장에서 영리를 추구하는 돌봄 기관과 경쟁해야 하는 현실에서 조합이 하는 돌봄 활동의 차별성이 여기서 드러난다. 아프면 당연히 조합의 병원 의료진이 치료를 한다. 뿐만 아니라 질병을 만드는 전체 삶을 돌본다. 의료인이나 일부

전문가가 아니라 조합원 주민들이 서로 돌봐야 가능한 일이다. '돌보다'는 '돌아보다'란 의미이고 우리네 삶은 돌아볼 타자의 존재를 필요로 한다.

"아이고. 묵직하네. 이거 목침 베개로 써도 되겠다."

"이게 말로만 듣던 벽돌 책이네. 벽돌!"

조합의 중장기 비전을 밝히면서 『조합원 평생건강관리체계』란 책자가 배포되자 여기저기 원탁에서 터져 나온 말이다. 신생아·영아 시기부터 후기 노년기, 죽음에 이르기까지 자기 몸에서 일어나는 일, 그에 맞게 실천해야 할 내용, 또 타자의 몸의 변화를 알아챌 때 갖춰야 할 내용이 담겼으니 그럴 만도 하다.

조합원 평생건강관리체계는 건강한 삶의 중장기 발전 계획이다. 학창 시절 배운 '경제개발 5개년 계획'과도 같다. 우리네 삶을 총체적으로 보고 얽히고설킨 넝쿨 같은 관계 속에 건강을 위치시킨다.

의료사협의 경제 활동은 '빙산의 일각'만 보지 않는다. 에코 페미니스트 마리아 미즈를 원조로 페미니스트 경제학자 캐서린 깁스 등은 기존 경제학에서는 '빙산의 일각'만 보고 있다고 비판했다. 이에 따르면 수면 위로 솟은 빙산의 일각에는 임노동과 상품시장, 자본주의 기업만 드러난다. 이것이 착취하고 있는 자연, 식민지 그리고 여성의 노동으로 간주되는 돌봄 같은 것은 경제의 근간임에도 지워진다. 정작 중요하고 엄청난 것들, 예를 들면, 기부, 물물교환, 상호부조, 협동조합, 협동적 소유, 의도된 공동체, 노인 돌봄, 무료 학교, 공동체 금융, 스스로 기르기, 선물, 양육, 가사노동 등은 수면 아래 존재한다. 다 조합원들이 일상에서 하고 있는 실천들이다. 진영은 빙산의 일각이 아니라 물 밑까지 포함하여 '경영'하는 게 자기 일이라고 생각해본다.

약간의 언쟁도 있었지만 대의원 워크숍은 그만큼 뜨거웠고 마무리는 유쾌했다. 조합의 과거, 현재, 미래가 한데 모인 느낌이다. 진영이 가장 바라던 바대로 '지속적 출자운동'이 대의원의 역할이라고 여럿이 강조해줬다. 진영이 나서서 경영의 어려움을 호소하며 출자를 호소하는 것보단 훨씬 나은 길이다.

작지만, 작아서 중요한 연결고리들

한숨 돌린 진영은 전국의 의료사협 일꾼들이 모이는 대화방에 들어가본다. 오늘은 또 무슨 일이 있었는지 궁금하다. 의료사협이 계속 만들어지고는 있다지만 아직은 전국에 30여 개에 불과하다. 그러니 서로의 사정을 속속들이 알고 지낸다. 일본 오사카로 생협 활동 탐방을 다녀온 곳의 소식이 올라왔다.

"무겐 프로젝트라고 들어보셨어요? 저 이번에 탐방 갔다가 이 말을 들었는데 너무 좋았어요."

"무겐이 뭐예요?"

"조합원과 무한(無限) 대화한다는 뜻이래요. 조합원의 꿈을 무한 실현한다는 뜻도 있대요. 그래서 구성원들이 자신이 뭘 원하는지 깨달을 때까지 토론한대요."

"맞아요. 맞아. 사실 처음부터 자기가 정말 뭘 원하는지 확실히 알 수는 없지요. 얘기하고 경험하다 보면 깨닫는 것 아니겠어요?"

"조합원 되면 더 안전하고 질 좋은 진료를 받는다니까 협동조합에 들어오잖아요? 또 최근에는 초고령 시대를 맞으면서 안전한 노후를 위해 보험 들어놓는다는 생각? 그런데 무한 토론을 하면서 각자의 사연부터 자신이 생각하는 지역이란 무엇인가, 자신이 생각하는 관계란 무엇인가를 막 얘기하게 된다는 거예요. 그런 과정을 통해 자기 꿈이 뭔지 알게 되고요."

"저, 이 얘기 들을 때, 이 지점에서 전율이 일었어요. 이때 깨닫는 꿈이라는 건 개인적인 꿈이기도 하지만 협동조합 구성원으로서 갖는 꿈이기도 해요. 그래서 '그 꿈을 실현하려면 우리가 무슨 일을 어떻게 해야 되지?'로 논의가 진척된다고 해요."

"참여를 '독려'한다는 말 자체를 바꿔야 한다고 해요. '독려'는 누군가가 여전히 리더인 거예요. 아예 언어를 바꿔서 지역 주민, 조합원이 궁극적으로 지향하는 목표를 깨닫도록 하는 방식이래요."

'무겐!'

진영은 오늘 워크숍에서 조합원들이 한 일이 바로 무겐이었겠다 싶다. 처음부터 '완벽한' 조합원 같은 건 없다. 토론하면서 만들어지고 서로 방향도 맞춰간다.

끝없이 대화한다지만 조합원 사이에서나 이사 사이에서나 이해와 방향성의 차이가 흔히 불거진다.

"조합에서 해주는 거는 별로 없으면서 맨날 출자만 하란다고 소문 났어요."

"이웃 할머니가 하도 권해서 큰 맘 먹고 딱 가입했는데 왜 혜택이 이거밖에 없어요?"

이분들이 말하는 '해주는 거 별로 없다'에 해당하는 내용은 다양하다. 왜 우리 병원에는 초음파가 없느냐, 골밀도 측정기가 없느냐, 비급여 진료를 하나도 안 해주면 불편해서 어떻게 병원을 이용하느냐 등등. 조합원 이전에 소비자로 살아왔고, 또 그런 게 대세인 사회에서 낯설고 불만족스러운 점이 한두 가지가 아닐 것이다. 조합원 활동으로 가랑비에 옷 젖듯 지향하는 가치가 스며들기를 기대할 뿐이다.

'의료사협 조합원이 된다는 것은 공공성이 부족한 한국의 의료 환경에서 공공성을 표방하는 운동이자 환자이기 이전에 자기 삶과 지역사회의 주인으로서 참여하며 지역을 공동체로 만드는 운동의 일원이 되는 것이다.'

이런 표현이 의료사협이 내세운 대표 문구라면, 구체적으로 어떻게 실행되는 걸까? 아프고 난 뒤에 치료 받는 것보다 조합원 스스로 건강을 돌보겠다고 선언하고 계획을 세워 실천할 때 협동조합이 돕는다. '스스로'는 자율성을 대표하는 말이다. 하지만 '서로 돌봄'에서 말하는 자율성은 '혼자서도 잘해요'가 아니라 서로 기대고, 협동조합의 조직된 힘에 기대 자기다운 삶과 건강을 추구하겠다는 의미다. 각자의 취약함을 알기에 서로 기대고, 믿고 기댈 수 있기에 자율적인 삶을 살 수 있다는 철학이다. 그래서 자칫 사소해 보이는 작은 만남과 연결이 진영의 의료사협에서는 아주 중요한 사업으로 다루어진다.

개인이든 가족이든 친구끼리든 또 소모임 등이 신청하면 각각의 고유성에 알맞은 건강실천 가이드를 조합에서 제공한다. 가령 1인 가구인 사람에게 영양 식단에 의한 고른 영양 섭취, 햇볕 쬐기, 물 마시기, 마음 챙김, 숙면하기 등이 담긴 건강생활 체크표를 제공해 스스로 체크할 수 있도록 한다. 스스로 실행하다 곤란한 점이 생기면 의료진과 전문강사의 자문을 받을 수 있다.

또 참여자끼리 건강수다방을 만들어서 서로 뭘 하고 있
는지, 어떤 변화가 있는지를 크게 떠들고 나눈다. 혼자 좋은
것 먹고 운동해서 건강하겠다는 것이 아니라 스스로의 힘으
로 건강을 향하며 또 어려운 이웃을 돕는 건강 자치 능력 강
화가 목표다.

건강 지킴이 활동가는 이웃에 사는 불편한 노인의 안부
와 건강을 챙기고 장애인의 생활 환경을 개선하는 일 등을
맡는다. 그리고 그런 돌봄 전문가로 조합원을 양성한다. 고
독사, 우울증, 자살로 이어질 가능성이 큰 노년의 정신건강
문제를 방비하는 노년 마음건강 돌봄 활동가 양성도 한창
이다.

진영의 의료사협이 지역 정신건강복지센터, 사회적 기업
과 연계한 활동이다. 이런 연계의 고리를 늘려가며 한 바늘
한 바늘 꿰는 바느질은 즐겁다.

가치와 재정 사이의 줄타기

진영은 또한 각종 숫자를 들여다보며 책임져야 하는 사
람이기도 하다. 오늘도 이사회에 재무보고서를 제출하는 진
영의 마음은 무겁다. 빨간불이 들어왔음을 알리는 악역을 맡
는다.

"우리도 비보험 진료를 해야 조금이라도 더 매출이 늘지 않겠어요?"

"아무리 어려워도 우리가 내세운 가치가 있는데 비보험 진료는 안 하는 게 맞지요."

"수액 맞고 싶다고 하면 그렇게 해줘야 운영이 되지요."

"물 많이 드시고 쉬셔야 한다고 말하는 게 우리 가치잖아요. 수액 맞는 거 잠깐 좋을 수 있겠지만 뭐 하러 그래요?"

보통의 병원이라면 환자 수가 늘고 진료비를 많이 쓰도록 해야 실적이 된다. 의료사협은 진료비를 더 적게 쓰고 더 건강하게 생활하도록 돕는다. 조사해보니 실제로 조합원 평생관리사업에 참여한 분들은 대조군에 비해 진료비를 더 적게 쓰면서 더 건강한 생활을 한다. 조합원 스스로 건강자치 실현도를 높였다는 좋은 의미다.

그런데 그 말을 뒤집어보면 병원 수입이 줄었다는 말이다. 게다가 돌봄 사업을 늘리다 보니 공간 마련 등에 무리를 했다. 대출금리가 뛰면서 자주 빨간불이 들어온다.

"주민의 협동조합이니까 주민의 힘으로 가야 합니다."

"공동체를 살리고 활성화하는 게 가장 중요한 목적이잖아요."

"그러다가 맨날 적자 보고, 적자만 고민하다 하고 싶은 일을 못 하면 어떡해요. 관의 도움을 어느 정도 끼고 가야 한다고 봐요."

"사업의 목적과 방향을 바꿀 수는 없으니 출자운동을 해서 부채를 자본금으로 바꿔나갈 수밖에요."

가치와 실리 사이의 줄타기는 선악의 구도가 아니라 고난도의 균형이다. 가느다란 줄 위에서 부채 하나로 균형을 잡고 나아가는 줄타기 명인은 못 되지만 진영은 어쨌든 균형을 잡아보려 갖은 애를 쓴다. 돈을 벌되 적당히, 제대로 버는 일은 참 힘들다.

협동조합은 가치를 중시하지만 엄연한 경제 조직이다. 적어도 일꾼들에게 급여는 제때 지급해야 하고, 활동을 위한 공간을 유지해야 한다. 사업을 확장하려면 부채를 질 수밖에 없고 갚아나가야 한다.

갈수록 조합원들이 원하는 방향은 돌봄의 확충이다. 그런데 조합원이 원하는 수준의 돌봄을 유지하고 '사람 중심 돌봄'이라는 가치를 지키려면 수가에 맞춰진 보통의 돌봄 기관들과 경쟁이 안 된다. 새로 운영하기 시작한 돌봄 사업은 적자를 면치 못하는 현실이다.

의료사협 일꾼들의 대화방 단골 뉴스도 출자 캠페인 소식이다. 오늘 부러움을 산 곳은 조합원들이 열성적이기로 유명한 곳이다. 출자 캠페인이 워낙 성공적이어서 돌봄 사업에 집중할 건물을 새로 마련했다고 한다. 건너건너 들은 지인

말로는 그곳 조합원들이 하도 끈질기게 전화를 해서 자신도 결국은 출자금을 늘릴 수밖에 없었다고 한다. 그 지역 주민도 아니면서 말이다.

이 지인처럼 그 지역과는 먼 거리에 살지라도 의료사협의 사회적 가치를 지지하고 응원하는 마음으로 출자하는 시민들도 있다. 당장 자신이 사는 동네에서 의료사협을 만들지는 못하더라도 앞서 생긴 곳들의 구체적인 활동이 입소문이 되어 퍼지기를 바라는 마음에서다. 나아가 정말 필수적인 돌봄 활동은 정부 정책으로 채택되어 어디에 살든 시민의 기본권이 되기를 바라기 때문이다.

의료사협 관련 기사는 뉴스에 잘 등장한다. 그리고 늘 '훈훈하다.' 중증 장애인, 1인 노인 가구에 찾아가서 진료하고 돌보는 데 최적화된 조직이기 때문이다. 그러나 사람들은 이런 활동을 '무료 봉사'로 이해한다. 활동에는 자원이 필요하다는 것, 정부의 공적 인프라와 재정 지원이 필요하다는 건 쏙 빼놓고 미담으로만 소비한다.

의료사협은 각종 포상도 잘 받는다. 웬만한 돌봄 사업을 법이나 정책이 만들어지기 전에 먼저 실천했기 때문이다. 정부가 돌봄 관련 시범사업을 시도할 때도 시민사회 파트너로 대부분 의료사협을 택한다. 지역사회에 뿌리 내린 조직이니까 신뢰가 가고 돌봄 사업을 개척적으로 해온 경험이 풍부하기 때문이다.

그런데 가령 의료사협이 선도적으로 수행해온 방문 의료 수가를 보면 이동 거리, 진료 시간 차이(노년, 중증장애, 노년과 장애가 교차될 때는 시간이 훨씬 더 필요하다), 코디네이터 비용(환자 발굴, 상담, 지역사회 관계 기관과의 네트워크 구축, 의사 일정 관리, 행정 업무 지원 등)을 고려하지 않는다.

돌봄 수가는 노인장기요양보험 적용 대상인지, 아동·장애인 관련 사업의 대상자인지 등에 따라 제각각이다. 그리고 뭘 적용하든 수가는 대체로 낮다. 각 분야 돌봄노동자의 저임금과 불안정한 고용 상태, 불안정한 서비스 연계, 낮은 서비스 질 등은 돌봄 수가가 낮은 것과 관련이 없다고 할 수 없다. 자산조사에 근거한 자부담 비용, 급여와 비급여 항목이 워낙 다양하다. 무엇을 재원으로 하는지, 지자체가 어디인지에 따라 변동도 크다.

게다가 정작 돌봄 시범사업은 정부가 내놓은 청사진과는 달리 뚜렷한 재정 투입이 없다. 예를 들어 최근 몇 년간 전국 16개 지자체를 대상으로 지역사회통합 선도사업을 벌였는데 여기에 정부가 투입한 재정은 서울시가 소위 '스마트워치(손목닥터)' 사업에 편성한 예산보다도 적다. 가게 안에 제대로 갖춘 것도 없이 간판부터 달고 영업을 시작하는 것과 비슷하다. 그리고 정부 재정을 투입하지 않는 선도사업, 시

범사업은 지역사회가 알아서 돌봄을 하라는 것으로 해석해도 무리가 없다.[*]

그렇게 돈 안 되는 일을 꾸역꾸역 헌신으로 일단 메우고 본다. 모형을 일단 잘 만들어놓아야 그 돌봄 사업이 채택되고 자기 지역을 벗어나 널리널리 퍼질 수 있을 거라는 사명감 때문이다. 그런데 바람과는 다르게 허탈하게 흘러가기도 한다. 정부가 '이 정도 예산으로도 잘 굴러가네?' 하고 어이없는 판단을 하기 때문이다.

정부가 본 사업으로 채택하더라도 너무 비현실적으로 수가를 책정하면 그 사업의 안정성과 지속성이 확보되지 않는다. '성과가 정말 훌륭해요. 와!' '이렇게 훌륭한 사업들을 하고 있네!' 탄복하는 언론 보도가 쏟아져 나온다. 그럴 때마다 진영을 비롯한 의료사협 동료들은 물 밑에서 동동거리는 백조의 다리를 생각하며 씁쓸해지곤 한다.

'진짜 무리하고 영혼을 갈아넣고 있는데, 사람들은 매끈한 보고서만 보고 감탄하는구나.'

정부 부처만이 아니라 지역 공동체를 중시하는 의료사협으로서는 지자체와의 관계를 생각하지 않을 수 없다. 지

---

[*] 박창규, '스스로 평안한 삶과 늙어감을 누릴 수 없는 이들, 어떻게 해야 할까―[함께 맞는 비 포럼] 정부의 지역사회 통합돌봄 추진과정 진단과 개혁과제', 〈프레시안〉, 2024. 9. 8.

역마다 사정이 다르지만 지자체의 정치색에 따라 의료사협이 지자체의 위원회 같은 데서 배제되는 곳도 있고, 지자체의 전폭적인 지원 덕에 버티는 곳도 있다. 아예 처음부터 민관협력으로 의료사협을 만든 곳도 있다. 지역마다 관계성은 정말 다양하다. 진영이 곤란한 것은 관료들과 얘기조차 하기 싫어하는 이, 적극적인 민관협력체계를 추진하는 이, 정부나 지자체보다는 지역에 있는 시민사회와의 협력을 더 선호하는 이가 늘 같이 존재한다는 것이다. 이것 또한 진영이 균형 잡으며 지나가야 할 줄타기 과정이다.

돌봄이라는 새로운 셈법

여러 곤란이 교차하는 줄타기 속에서 진영은 돌봄 경제를 굴린다. 의료사협에서 잔뼈가 굵은 진영도 지금껏 돌봄이라는 건 잘 몰랐다. 고민하지 않고 살았다. 돌봄 사업을 새로 벌이면서 입문한 초보자다.

이미 돌봄을 수행해온 사람들이 엄청난데 그분들의 존재에도 활동에도 이름이 없었다. 이제야 사회적 이름을 지어 부른 것이 의료사협의 일이었던 것 같다.

가령 노인 건강돌봄 지도사 자격증을 공부하러 온 조합원 대부분은 중노년 여성이다. 평생 돌봄의 주요 제공자였으나 무급 아니면 저소득이었을뿐더러 명함에 박을 경력으로 인정받지 못했다. 이분들 하나하나가 평생 짊어져온 돌봄 비용을 재무에 밝은 진영이 따져보니 엄청난 금액이었다. 이분들은 그 엄청난 일을 수면 아래에서 수행해왔다.

아동, 장애인, 노년 돌봄에 들어가는 공적 비용이 아깝다고 말하는 정부 관계자, 주변 사람들에게 계산기를 제대로 두드려보자고 따지고 싶다. 자의 반 타의 반 이분들이 사적으로 감당해온 돌봄 비용에 비하면, 지금 당신들이 내놓는 비용은 새발의 피도 안 된다고 말이다.

돌봄 의존자는 또 어떤가. 사람의 역량은 수면 위 빙산의 일각에서 사고팔 수 있는 노동력만이 아니다. 그 사람의 존재 자체, 그 사람이 맺을 수 있는 관계 그리고 그가 할 수 있는 활동 전체다. 고령자와 어린 세대뿐 아니라 모든 사람의 것으로 보편화할 수 있는 활동이 돌봄이다. 돌봄 의존자는 일방적 수혜자나 대상자도 아니다. 관계적 역량의 가능성을 품고 있다.

관계에서 건강이 비롯한다는 의료사협의 철학에서 이분들의 존재는 필수다. 이 관계는 일방적인 게 아니라 상호적이다. 의존하는 사람이 있어 돌봄 체계가 만들어진다. 그렇게 만들어진 돌봄 체계가 지역 공동체의 이익이자 자산이다. 이를 통해 사회라는 것을 재생산하고 미래를 만들어낸다. 나이 든 이를 돌보고 어린 사람을 양육하며, 빈곤, 질병, 장애,

이주 배경 등으로 차별과 배제를 겪는 구성원들의 운명을 잔여적이고 한시적인 정부의 지원 체계에만 맡기는 대신, 서로 돌봄의 체계로 같이 떠맡겠다는 것이 의료사협의 공유 자산이다. 이런 자산이 시장화된 돌봄과 공동체 돌봄의 차이를 만든다.

의료사협 활동은 서로 돌보는 인간 역량을 재생산한다. 서로 돌아보는 활동이 인간 역량을 만들고 유지한다. 재생산은 시장에서 판매되는 상품과 서비스를 통에서 일어나는 것이 아니라 조합원들이 펼치는 다양한 무급의 활동들, 가격표가 붙지 않은 서로 돌봄에서 일어난다. 사람의 역량을 길러내는 일에 대가를 지불하지 않거나 저가 노동에 전가해온 그간의 경제적 관점은 재평가돼야 한다.

진영이 느낀 돌봄에 대한 가장 큰 오해는 이것이다. 돌봄을 흔히 재생산 노동이라 하는데, 이런 표현 탓인지 생산 활동을 보조하는 부차적인 것으로 오인한다. 그래서 밖에 나가 돈 버는, 생산 활동 하는 사람이 편히 일하라고, 생산자가 일하는 동안에 돌봄 의존자를 맡아주는 것으로 여긴다. 그래서 돌봄 의존자를 눈에 띄지 않게, 조용하게, 싸게, 오래 돌봐주는 것, 다른 말로 붙잡아두는 것을 기대한다.

그런 조건에서 벌어지는 (그걸 돌봄이라 부르기 싫지만, '관리'와 '통제'란 말이 더 맞지만) '돌봄'이 당사자에게도 '돌봄'으로 받아들여질까? 상대를 동등한 존재로 존중하지 않는 활동을 인간다운 활동이라 부를 수는 없다. 돌봄 의존자와 돌봄자를 생산에 기여하지 않고 사회적 부를 소비하기만 하는 존재로 몰아붙이는 오명 씌우기도 같은 맥락이다. 재생산 노동이라 부르건 돌봄 노동이라 부르건 부차적인 것이 아니라 인간의 본연적인 활동이고 생산 활동과 얽히고설켜 있다.

생산과 재생산, 굳이 이분법으로 접근하겠다면 재생산 활동, 즉 돌봄을 중심에 놓고 생산 활동이 돌봄을 보조하는 것으로 봐야 한다. 삶, 관계, 공동체를 빚어내는 활동이 중심이고 자동차, 핸드폰 만드는 활동이 보조다. 돈을 버는 것은 삶을 위한 것이지 돈을 위해 삶이 존재하는 것은 아니다.

진영은 내일도 숫자들을 들여다보며 상심하겠지만, 주객이 전도되지 않는 원칙 속에서 계산기를 두드릴 것이다.

매일 건물
올리는 의사

지역사회 통합돌봄

제3지대

피곤하다. 푹 쓰러져 자면 이 피로가 풀릴까? 아니다. 속에 꽉 들어찬 불편감을 해소하지 않으면 잠을 설칠 게 뻔하다. 사람들이 다음 날 후회할 줄 알면서도 드라마를 보든 한잔하든 잠을 쪼개 자기 식의 밤시간을 만드는 이유는 연수와 비슷할 테다. 맺힌 걸 풀어줘야 내일이 가능하기 때문이다.

연수는 진료만으로도 노동 시간이 과한데 각종 구상을 글로 쓰고 엮는 것으로 피로와 스트레스를 푼다. 그렇게 심각한 일로 일의 피로가 풀리느냐는 질문을 많이 듣지만 연수에게는 그만 한 청량제가 없다.

연수가 택한 오늘의 피로회복제는 '종합돌봄의료센터' 배치도 그리기다. '지역사회 통합돌봄'이라는 정책명처럼 이런 일에는 보통 통합이라는 단어를 많이 쓴다. 연수는 어릴 적 기쁨에 펄쩍펄쩍 뛰며 온몸으로 받아 안던 '종합선물세트'를 떠올리며 이 일에 '통합' 대신 '종합'이라 붙여 말하기를 좋아한다. 생각도 기대도 안 한 과자들이 가득한 종합선물세트처럼 보통 사람들이 의료기관, 복지기관에 평소 기대하지 않고 기대하지 못한 것들이 빚어지는 곳이 되길 바라기 때문이다.

연수는 상상 속에서 한 층 한 층 건물을 올리며 기능과 역할을 배치해본다. 연수의 직업과 성향을 아는 사람들은 의아해할 것도 같다. 공공병원이라면 모를까, 왜 '돌봄'이 거기에 들어가는지. 연수도 처음부터 목적지를 정해두고 시작한 여정이 아니었다.

종합돌봄의료센터는 지역과의 밀착성이 제일의 원칙이다. 1차 의원이 공공성을 갖도록 하는 운동의 전진기지이자 허브다. 민간 병원, 의원, 치과의원, 한의원, 약국, 협동조합 등이 연대해야 통합적 돌봄이 가능하다. 중앙정부의 컨트롤타워 역할을 기다리고 있을 수만은 없으니 지역에서 지역에 있는 돌봄 자원을 모으고 연결하고, 없는 건 새로 만드는 지역 돌봄 정치의 실체가 되는 곳이다. 이런 고민의 결과로 종합돌봄의료센터라는 목적지에 도달하기까지 연수는 굽이굽이 온갖 군데를 거쳐왔다.

연수는 서울과 여러 지역의 공공병원, 민간 병원을 두루 거쳤고 공중보건의로 3년을 농촌 지역에서 보내기도 했다. 민간 병원 중에서도 특이하다 여겨지는 곳들을 거쳤다. 일터만 옮겨온 것이 아니다. 관심사도 벌인 일도 오만가지다. 그래서 얻은 별명이 '오지라퍼'다. 한 우물만 파도 모자랄 전문가 시대에 여기저기 다 기웃거린다고 동료들이 걱정 반 비난 반 섞어 부르는 말 같다.

연수는 오지라퍼라는 별명을 좋아한다. 오지라퍼가 되지 않았다면 지금과 같은 눈으로 돌봄을 바라보지 않았을 것이다. 흔히 그렇듯이 아예 처음부터 분야를 나눠서 의료와 돌봄을 따로 생각하거나, 위계를 두고 돌봄하는 사람들을 맨아래로 여겼을 것 같다.

지금 연수에게 돌봄은 오지라퍼로 겪어온 모든 경험이 교차되는 것이자 모든 경험의 총합을 초월하는 그 무엇이다. 그래서 누가 왜 종합돌봄의료센터냐 묻는다면 인생 스토리를 다 풀어놓아야 하는데 어느 보따리부터 풀어야 할지 그게 참 어렵다.

사람들이 피부로 가장 먼저 느끼는 얘기부터 해볼까? 연수가 요즘 진료실에서 만나는 환자들은 대개 80대, 90대다.

초고령사회를 실감한다. 그래서 의사로서 이런 치료 저런 치료 떠나서 돌봄이야말로 최우선으로 급박하게 느껴진다. 초고령임에도 혼자 사시는 분이 대부분인지라 끼니를 챙겨 드시기는 하는지 모르겠다. 주 돌봄자가 없으니 약의 부작용이나 몸의 변화를 지켜보라는 말이 통하지 않는다.

'실질적인 치료와 만성질환이 관리되려면 의료와 돌봄이 연계되고 진찰부터 치료, 재활까지 통합적으로 제공되어야 한다.'

맞는 말이다. 그러나 어느 토론회, 정책자료에 등장하는 이 말은 여전히 방향성일 뿐 체감할 만한 실체가 부족하다.

촉탁의로서 연수가 요양원을 누빈 지가 십수 년이다. 몇백 군데는 다녀본 것 같다. 연수가 다닌 요양원의 기본 조건은 프라이버시는 사치어고 인권 침해도 다반사다. 거기서 생활하는 노년 당사자의 의사가 존중되는지도 미지수다. 장기요양보험 3·4·5등급은 주변의 돌봄이 버팀목이 되어주면 자신이 살던 곳에서 나름대로 여생을 보낼 수 있다. 그러나 그 얄팍한 버팀목이 없어서 어쩔 수 없이 시설로 들어오는 노인들이 있다.

그런 곳에서 이루어지는 활동을 '돌봄'이라 부르기도 뭐했다. 돌봄은 정치적 또는 윤리적 가치 판단 없이, 그저 먹이고 재운다고 갖다 붙일 수 있는 말이 아니다.

'참 아슬아슬하구나. 살아간다는 게.'

연수는 이런 속말을 자주 하게 됐다. 그렇게 다니면서 자신이 나이 먹어서 갈 만한 요양원이 있을지, 어느 날부터 남의 문제가 아니라 자신의 문제로 질문이 들었다.

60대 초반이 된 연수는 베이비부머 세대다. 이 세대의 전반부가 이제 은퇴를 시작했고 75세 후기 고령자로 진입하는 때가 2030년, 바로 코앞이다. 세계 최고령 국가라 여겨지는 일본은 단카이 세대(1947-49년생)가 2025년이면 후기 고령자로 진입한다. 5년 차이인데 준비 정도는 크게 다르다. 일본은 20여 년 전부터 통합 돌봄 시스템을 구축하기 위해 노력해왔다. 재택의료, 고령자용 지원주택, 돌봄의료 복합시설 등을 마련하고 마을 전체를 돌봄의 철학으로 엮인 공동체로 재구성하려는 시도도 해왔다. 우리는 준비는 일본보다 적고 고령화 속도는 일본보다 훨씬 빠르다.

가족이 온전히 부담을 덮어쓰거나, 1인 가구로 고립되고 방치되거나, 하다 하다 안 되면 시설로 보내지거나. 이런 서사에서 벗어나려면 가족도 시설도 아닌 제3지대의 의료-복지-돌봄을 아우르는 체계를 구축해야 한다. 그것도 아주 시급하다. 연수는 그걸 몸으로 느꼈다. 그런데 제3지대를 만든다면, 이건 도대체 누가 해야 하는 거지?

협의, 돕는 의사

젊은 시절부터 연수는 공공병원 강화를 부르짖었다. 공공병원 확충은 예나 지금이나 필수 과제다. 수치가 단적으로 보여준다. 전체 의료기관의 단 5퍼센트가 공공병원이다. 병상 수로도 10퍼센트에 불과하다. 코로나19 난리를 겪고도 변함이 없다. 비율이 너무 낮으니 올라갈 일만 남았다는 웃픈 낙관의 소리를 할 정도다.

일단 사람들은 공공병원을 잘 모른다. 무상의료운동을 펼치는 시민단체 활동가조차 연수에게 왜 여기는 의료원, 저기는 병원이라고 부르느냐고 물어본 적이 있다. 대답하면서도 연수는 순간 아찔했다. '아, 공공병원의 존재는 이렇게 아는 사람이 없구나.' 국립대 병원인 서울대병원은 알고 선호해도 지자체가 설립하고 운영을 맡아 지역 의료의 근간이 되는 의료원의 중요도를 아는 시민은 드물다. 정치인들은 툭하면 적자를 문제 삼아 의료원을 없애려 들거나 공공이 아닌 사립대학 병원으로 갈아타려 든다. 시민도 정치인도 '의료원' 간판을 단 곳이 지역의 대표적인 공공병원인지 모른다는 말이다.

왜 모를까? 제대로 만나서 겪어본 적이 없어서다. 전국에 의료원은 겨우 서른네 곳뿐인데 그중 여섯 곳 정도만 해방과 휴전 후 만들어졌다. 그러니까 대부분이 일제강점기, 미군

정 때 세워졌다. 다른 말로 하면 한국이 세계 경제 10위권에 드는 나라가 되는 동안 스스로 세운 공공병원은 거의 없다는 말이다. 백 년 역사를 자랑하던 의료원을 없앤 지자체도 있다.

그럼 병원의 나머지 95퍼센트는? 당연히 사립이다. 사립, 민간 병원이라고 공공성은 배제하고 돈만 추구한다는 뜻은 아니다. 그런데 고속도로에서는 과속만이 아니라 저속 주행도 위험하다. 최저 속도에라도 맞춰 수익성을 좇아야 한다. 의료의 95퍼센트를 민간이 공급하는 시스템에서는 수익성이 기반이고 상업성을 과도하게 추구할 수밖에 없다. 자주 꼽히는 소아청소년과처럼 수익은 적고 리스크는 크다면 그 자체로 기피 대상이 된다.

코로나19 같은 재난이 발생할 때 전염병 환자를 진료하는 병원은 다른 환자들이 기피해 병원 경영에 타격이 불가피하다. 전염병이 아니더라도 같은 이유로 사회적 차별이나 배제를 받는 소수자를 진료하기를 꺼린다. 공공성이 아닌 수익성을 좇는 도로 위를 달리는 절대다수의 민간 의료기관은 환자를 놓고 경쟁한다. 도로 위에 차가 늘면 예민해지는 것처럼, 의사 증원에도 예민하게 반응한다. 이 도로는 규모가 크고 환자가 많고 병원도 많은 거점끼리만 연결하기에 쏠리는 곳만 쏠린다. 불법 추월, 갓길 주행처럼 과잉 진료, 비급여 진료로 쏠릴 가능성도 크다. 고비용 의료 기술을 많이 쓸수록 수익성이 늘어나니 건강 관리, 예방 중심의 생활밀착형 활동은 배제될 수밖에 없다.

이런 수익성의 도로를 달리는 의료기관을 이용하는 환자-시민의 의식이나 실천도 크게 다를 바 없다. 시민들이 사보험인 실손보험은 잘 알고 활용해도 그것이 갉아먹는 공공보험 체계와 의료 전달 체계, 의료 공공성 강화, 공공병원은 모르게끔 이끄는 것이 지금 의료의 실태다. 실손보험만 있으면 비급여를 포함해 온갖 것을 해볼 수 있으니 일단 크고 유명한 병원에 가서 TV에 나오는 '명의'를 만나고 싶은 게 자연스럽기도 하다. 공급의 의료 공공성이 강화돼야 이용 과정의 공공성도 높아질 수 있을 것이다.

연수는 공공병원 확충이라는 당연한 대의를 포기한 것이 아니다. 지금 당장 포괄적인 의료돌봄 체계가 필요하기에, 지금 있는 자원부터 발굴하고 연결하기를 생각하게 되었다.

'공공병원 지어야지, 암 그렇지. 그런데 지금 당장에라도 이미 존재하는 민간 기관끼리 뭔가 도모할 수 있는 것 아닌가? 정부가 공공의료 확충에 뒷짐 진다고 하면 우리라도 팔을 걷어붙여야 하는 것 아닌가?'

연수가 만나는 노년 환자들의 관심은 단순히 오래 사는

것이 아니다. 건강하게 살고 싶어 한다. 만성질환이 있더라도 CT 찍고 MRI 찍고 큰돈 들여 관리하기보다 병을 잘 보듬어가며 사는 삶이다. 그러려면 일상적으로 잘 먹고 잘 움직이고 마음을 잘 다스리고 교류하면서 살아야 한다. 이런 관심에 부응하는 것이 의료일 수만은 없다. 시민들에게 실제로 필요하고 지역에 밀착한 '돌보는 의료'를 확보하는 방향이 더 나을 것이다.

연수의 설명을 듣고 나면 누구든 그런 의료가 필요하겠다고 공감하고 동의한다. 그런데 왜 잘 안 될까? '연결'이 힘들기 때문이다. 가령 노인 돌봄을 위한 장기요양보험은 건강보험료의 10퍼센트에 해당하는 보험료로 운영된다. 그런데 고령과 만성질환으로 돌봄이 필요한 노인이라도 요양등급을 받지 못하면 돌봄서비스를 이용할 수 없다. 돌봄 문제와 뗄 수 없는 질병 치료와 재활도 별도로 정해진 건강보험 체계에 따라 환자-시민 스스로 이 병원 저 병원 찾아다니며 해결해야 한다. 장애가 중증이거나 가난한 이들에게 문턱은 더 높다. 갈 곳이 별로 없다.

곤란한 사람이 각종 제도를 헤매는 대신, 곤란한 사람을 중심으로 제도가 종합적으로 연결된다면? 그런 연결의 실체를 경험할 수 있는 구체적인 장소와 사람이 있다면?

지역에서 사람들을 직접 만나고 주민들의 생활환경을

알아야 의료적, 사회적으로 무엇이 필요한지 알 수 있다. 현실적인 교육 없이 그런 의사가 뿅 나타나길 바랄 수는 없다. 수련 시스템부터 바꾸지 않으면 안 된다. 의대 교육 안에서만이 아니라 종합의료돌봄센터 같은 곳이 지역에 익숙한 오지라퍼를 기를 수 있는 수련 장소다.

연수가 한국 의학 드라마의 원조로 여기는 것은 소설 원작의 〈허준〉이다. 얄궂게도 의사 파업 당시에 방영이 되는 바람에 연수와 동료들은 허준과 비교되기도 했다. 드라마에서 최고의 의원은 환자를 긍휼히 여기는 마음을 가진 '심의(心醫)'다. 연수의 생각은 다르다. 심의를 기대하고 칭송하면 막연하게 '좋은 의사', '좋은 일 하는 의사'라는 말로 빠질 수 있다. 대신 의사를 둘러싼 복잡한 사회적 배치를 가릴 수도 있다. 연수는 그때나 지금이나 '협의(協醫)', 협의하고 협력하는 의사가 중요하다고 본다.

그런 '협의'들을 조직한다면, 공공의료 확충 논의는 여러 방향으로 더 풍성해질 수 있다. 공공병원을 더 짓고 상급 종합병원과 긴밀하게 연결하는 건 시급한 문제다. 그래서 이런 방향, 이런 수준에서 주로 논의가 이루어진다. 그런데 협의들이 조직된다면 공공성을 추구하는 민간 병원들의 협업, 여러 의원이 마을 주치의로서 협력하는 방향도 생각할 수 있다. 그러니까 민간 병원이면서 공공성을 띠고, 의료와 돌봄을 넘나들며 유기적으로 연결하는 1차 의원의 전형을 만든다면 공공의료의 가뭄을 해갈할 수 있지 않을까?

사람들이 SNS에 예쁘고 사랑스러운 반려동물 사진을 올릴 때마다 '나만 고양이 없어!'라고 한탄하는 댓글들이 달리곤 한다. 연수에게 그런 고양이 사진 같은 존재가 일본의 전일본민주의료기관연합회(민의련)이다. 일본은 한국에 비해 공공병원 비율도 높을뿐더러 질적으로도 뛰어나다. 공익적 역할을 하는 민간 병원 역할도 그에 못지않다. 민의련에는 1800여 개 의료기관이 가입해 있다. 모두 공공성을 띤 민간 병원이다.

농협이 설립한 병원, 생협이 운영하는 병원, 공익재단법인이 운영하는 병원 등이다. 법인에 소속된 1차 의원과 돌봄 시설이 함께 활동한다. 이럴 때 1차 의원은 의사 개인의 자영업이 아니라 공익법인이기 때문에 수익성을 늘리겠다고 편법을 사용하지 않는다.

간혹 운영이 어려워지면 튼튼한 시민참여 구조 속에서 지원을 받는다. 공익적 민간 병원에는 서포터즈 역할을 하는 시민 조직이 있어서 이들 병원을 우선 이용하고 재정 후원자 역할도 맡는다.

그중 한 곳의 기관지를 봤더니 인근 업소 이름 3백여 개가 실려 있다. 동네 빵집, 동네 꽃집, 동네 술집, 동네 채소 가게, 동네 잡화상, 그런 이름들이 후원자로 들어차 있으니 지역 1차 의원과 각종 돌봄시설은 주민의 것이라 할 만했다.

공공의료가 희소한 한국에서는 실손보험 도입을 필두로 의료 민영화의 광풍이 몰아쳤다. 그 무렵 인기리에 방영된 드라마가 있었다. 개혁적인 시장이 시립아동병원 건립을 추진하자 목소리 큰 사람들, 소위 지역 유지라 불리는 이들이 앞장서 격렬하게 반대한다. 대기업을 낀 메이커 병원이나 대학병원이 아니고 시립병원을 지으면 땅값이 떨어진다는 이유에서였다.

드라마를 보던 젊은 연수는 혀를 찼다. 그때나 지금이나 공공병원을 짓겠다거나 기존 공공병원을 강화하겠다는 운동은 손꼽힐 정도로 귀하다. 그사이 연수는 공공병원을 더 짓자는 논의와 아울러 공공 영역에서 1차 의료를 어떻게 강화할 것인가로 관심을 돌렸다. 시민들의 운동이 자체적으로 1차 의료를 강화했던 경험을 만들고 그것들을 널리 알려서 지자체가 적극적으로 받아들이게 만들어야겠다고 생각했다. 연수가 자기 지역에 만들고 싶은 종합돌봄의료센터가 하나의 카드다.

보건과 의료, 사람이 모이고 머무는 곳

센터 입구를 들어서자마자 보이는 로비 중앙에 시민센터를 둔다. 의료에 돌봄에 이런저런 걸 다 하려면 공간이 모자랄 텐데 시민센터가 왜 필요하냐고? 맞다. 할 일은 너무 많고 공간은 부족하다. 연수는 프레젠테이션을 하듯이 예상 질문을 던지고 스스로 답한다.

'이게 핵심이지요.'

배치는 단순히 물리적 기능을 늘어놓는 것이 아니라 철학과 가치를 드러내기도 하는 것이다. 연수가 1층에 시민센터를 놓으려는 이유도 마찬가지다. 이 센터의 주인은 시민들임을 눈으로 보여주기 위함이다. 시민들이 자기 공간이라 생각해야 센터 일에 참견하고 센터를 홍보하고 이용자를 발굴하고 기금도 마련한다. 그래야 지속 가능성이 있다. 또 시민들의 감시 기능도 있어야 한다. 그래야 전문가에 휘둘리고 선거로 정치 세력이 바뀔 때마다 방향을 잃고 요동치는 걸 막을 수 있다.

공공병원에서도 일해본 연수의 경험에 따르자면 공적인 기관이라고 사람들 마음이 다 같지는 않다. 적게 일하고 느슨한 걸 즐기는 사람도 많다. 연수가 오지라퍼라 불리는 데는 '저 사람 일 좀 그만 벌였으면 좋겠다', '피곤하다' 그런 느낌이 담긴 걸 안다. 공익적인 일을 많이 벌인다고 월급이든

241

사회적 대우든 막 올라가지 않는다. 그러니 그런 일을 흔쾌히 반기지는 않는다. 또 그놈의 관료주의란 어떤가. 의료도 돌봄도 모르는 사람이 퇴직할 무렵에야 낙하산으로 박히곤 한다. 그런 사람이 의사결정권을 쥐니 개혁은커녕 현상 유지도 급급하다. 이런 점에서 시민센터는 가장 중요한 추진 동력이요 안전장치다. 다그치고 요구하는 역할을 시민이 해야 한다.

센터가 그저 '좋은 일 하는 병원'으로만 알려져서는 안 된다. 그저 '좋은 일'이 아니라 '같이 일구는 사업'이라는 감각, 병원으로서만이 아니라 '돌봄센터'라는 감각이 중요하다. 지역 주민이 센터에 의견을 개진하고, 지분을 가지고 실제 이사회 운영에도 관여하고, 홍보하고, 접근권에서 소외된 분을 찾아내 모시고 오거나 센터에서 찾아갈 수 있도록 연결하는 역할을 하는 것이다. 그렇게 활동하면 덤으로 얻는 것이 있다. 참여를 통해 진짜 건강해지는 느낌을 받을 수 있다. 자발적인 활동은 단순한 체력 단련 운동을 넘어선다.

그리고 시민센터가 중요한 건 지역마다 상황이 다르기 때문이다. 다른 지역에서 성공한 모델이 이 지역에서 성공하리란 보장이 없다. 저마다 상황과 특색을 살려야 하고, 그건 지역을 잘 아는 주민들이어야 가능하다.

특히 시범사업은 대개 도시 지역을 모델로 삼는다. 농어

촌 지역은 병역의무 대신 3년간 머무르다 떠나는 공중보건의에게 보건과 의료를 의존하는 것이 현실이다. 연수도 복무한 그 제도다. 그 후 40년 넘도록 그때 그대로다. 시대가 변했으니 이제 공보의 제도를 대체할 새로운 공공의료 모델이 필요하다. 더욱이 지역마다 사정이 다 다르니 내 지역에 딱 필요한 대안이 전문가의 책상 위에서 만들어지기는 어렵다. 주민들이 추진하는 공동체 돌봄 추진 모델 같은 게 나와야 한다.

저마다 특색 있게 추진한 통합돌봄 정책과 프로그램을 뽐내고 교류하는 한마당을 열고 싶다. 연수의 희망 사항은 '지역사회의 자랑'이 되는 종합돌봄의료센터의 특색을 놓고 전국이 경쟁하는 것이다. 어릴 적 수업 시간에 고추, 인삼, 사과…, 지역 특산물을 외웠다. 철강, 조선, 자동차…, 내로라하는 지역 산업의 목록을 외웠다. 그때 외웠던 것들이 오늘날 그대로 매칭되지 않는다.

지역의 자랑이 아니라 되려 흔들리는 위기의 상징으로 바뀐 것도 많다. 위기 때문에 다 똑같은 것을 추진해서 다 같이 망하기도 한다. 대규모 건설과 관광사업 같은 것이 대표적이다.

연수는 어느 농촌경제학자에게 들은 말이 있다. 최근 한국관광공사 연구에 의하면 한 사람이 지역에서 정주하면서 소비하는 생활의 경제적 효과가 일반 관광객이 81명이 오고 그중 13명이 숙박을 해야 하는 것과 같다고 한다. 관광 명소 만들겠다고 백억, 2백억을 들여도 아무도 찾지 않고 그런 게 있는지조차 모르는 경우가 지자체마다 허다하다. 그럴 돈을 지역 주민들 정주 여건 개선에 쓰는 편이 경제적으로도 더 효과적이라는 이야기였다.

사람이 살려면 돌봄 시스템이 우선이지 않겠는가. 그분 제안은 구체적이었다. 돌봄이 필요한 사람들에게 더 필요한 의료는 급성기 치료보다 만성질환 관리에 가깝다. 게다가 사람들은 의료만큼 일상생활 지원이 필요하다. 그러니 주민 자원을 이용해서 취사, 세탁, 목욕 같은 것만 잘 관리해도 가능성이 있다.

1차 보건의료 서비스를 더 고도화하고, 방문 보건을 더 잘 하고, 수가를 전부 높여줄 게 아니라 방문 보건의로 한정해서 높여주고, 군(郡) 지역 병원급에 종별 가산제를 주고, 이런 식으로 군 지역으로 방점을 이동하면 된다.

의료복지돌봄 체계는 청년 일자리와도 연관된다. 이동빨래방, 이동점방, 이동목욕…, 사회적 기업 혹은 청년 창업의 아이템과 돌봄을 묶으면 활로를 모색할 수 있고, 그렇게 일자리를 만들면 돌봄의 대상자도, 청년 일꾼도 지역에 머물며 삶을 꾸릴 수 있다.

그런 의미에서 1층 중앙의 시민센터 옆에는 지자체 출장 사무소 같은 걸 둬야겠다. 시민과 가깝게 있으면서 직접 듣고 경험하는 바가 크기를 바랄뿐더러 실용적인 이유에서다. 1차 의원, 돌봄 기관이 짊어질 짐을 정부와 행정이 나눠져야 한다. 의료, 돌봄 같은 복지의 필요가 있는 사람들이 센터를 찾을 테니 이들에게 필요한 서비스를 찾아 알려줄 수도 있고, 그에 따르는 서류 발급, 등록 같은 행정 업무를 즉시 해결해줄 수 있지 않겠는가.

환자 발굴, 상담, 지역사회 관계 기관 네트워크 구축, 방문진료 등의 의사 일정 관리, 행정업무 지원, 업무 공간 확보, 방문진료를 위한 차량 배차 등 엄청난 코디네이터가 필요하다. 이걸 1차 의원이 다 부담을 지는 대신 기왕에 그런 일을 하고 있고, 또 그런 일에 전문가 집단인 지자체에서 맡아주면 가장 이상적일 것이다.

돌봄과 의료 그 너머까지

연수의 구상은 이제 2층으로 올라간다. 시민센터와 행정서비스, 다음엔 무엇을 넣을까? 재가지원센터다. 방문의료, 재가복지, 재가돌봄서비스를 포괄하는 곳이다. 지금은 죄다 따로따로다. 의료와 요양, 의료와 돌봄은 별개가 아니다. 그러니 함께 다니도록 묶어준다.

코로나19 시기를 요양원에서 촉탁의로 진료를 보면서 지냈기에 연수는 재가서비스가 얼마나 중요한지 절감했다. 모두가 알다시피 코로나19 당시 가장 타격이 큰 곳이 요양원이었다. 그러니 가능하면 시설에 안 갔으면 좋겠다. 그러나 재가서비스가 없으면 어쩔 도리가 없다. 재가서비스의 인프라가 튼튼해져야 비로소 요양원을 줄일 수 있다. 그가 사는 시의 인구가 60만 정도라면 종합돌봄의료센터 대여섯 개는 필요하다. 이런 센터가 전국적으로 수천 개 쫙 깔린다면, 요양원에 갈 일이 있을까 싶다. 사는 곳에서 돌봄 받을 수 있다면 말이다.

2층에 주간보호센터도 넣고 클리닉도 넣고 방문간호사, 가정간호사가 나가서 돌아다니는 팀도 꾸리고, 돌보던 가족들이 휴가나 휴식이 필요할 때 환자가 단기입원할 수 있는 곳도 만들고…. 구상을 발전시킬수록 연수의 도면에서 방의 개수가 계속 늘어간다.

3층에는 노동인권센터를 두려 한다. 센터 내외의 관계자들이 노동에서 부당한 요구나 대우를 받지 않도록 하기 위함이다. 영웅적인 개인의 헌신과 희생을 바탕으로 하지 않는 센터를 만들고 싶다. 가치에 헌신하되 부당한 희생을 강요당해서는 안 된다. 슈바이처니 보살이니 하면서 말이다. 그리고 센터에는 발달장애인, 정신장애인, 노년 노동자들도 함께 일할 것이기에 이들의 노동이 지속 가능하도록 논의해야 한다.

의료, 복지, 돌봄이 한데 모이면 시너지도 있겠지만 위계, 상대의 전문 분야에 대한 몰이해에서 나오는 갈등이 없을 수 없다. 그런 것이 다양한 종사자들의 개별적 건강뿐 아니라 업무의 지속성과 전문성을 해칠 수 있다. 동원이 아닌 참여를 지속하려면 구성원들이 공유한 가치를 꾸준하게 환기할 필요가 있다. 가치에 대한 헌신은 한번 굳게 마음먹는다고 되지 않는다. 연수가 끊임없이 찾아 읽고 다양한 직역 종사자들과 대화하는 이유다.

경제적 보상이 충분하다고 해서 모든 문제가 해결되지 않는다. 대우를 잘해준다고 돌봄 노동자들이 빠져나가지 않는 것도 아니다. 연수도 그렇고 사람은 경제적인 보상으로만 움직이는 존재가 아니다. 동료와의 관계, 상급자와의 관계, 조직의 가치와 이상 같은 게 함께 중요하다. 여기저기 구호를 붙여놓는다고 되는 일도 아니다. 법을 강화해 처벌한다고 되는 일도 아니다. 늘 서로 배울 수 있는 학습 모임이 필요하다. '그럼 교육지원실을 따로 둬야 하나? 크고 작은 세미나실도 필요하네.' 연수는 물음표를 친 공간을 몇 개 둔다.

건물 어디엔가 음악회나 전시회 등을 열 수 있는 호환성 있는 공간을 두면 좋겠다. 아주 멀리 공연장과 전시관에 가지 않더라도 이곳에서 주민들이 향유하면 좋겠다. 약과 수술만이 아니라 그림과 사진, 음악도 훌륭한 치료 수단이 될 수 있다.

연수는 언젠가 만성통증을 표현한 그림을 본 적이 있다.* 통증과 고통은 고유해서 개인의 지문과 같다고 했던가. 그림들을 보면서 연수는 주로 만나는 만성통증 환자들의 세계에 조금이라도 다가가는 듯싶었다. 음식 접시 위에 알약만 수북한데 포크와 나이프가 놓인 그림이 있었다. 오른손으로는 아픈 머리를 짚으며 눈물인지 땀인지 죽죽 흘리면서도 반갑게 왼손을 흔들며 인사하는 그림도 있다.

이런 세계적인 아티스트들이 아니더라도 지역에 숨은 예술가도 많을 것이다. 저명한 분들의 작품과 공연도 유치하고 지역의 고수도 찾아내 공연장과 전시관을 다채롭게 꾸며보자. 그럼, 큐레이터도 필요하겠네.

오늘은 여기까지만 하자. 꿈속에서 만난 누군가가 연수에게 꿈 깨라고 할지도 모른다. 그래도 연수는 내일도 오늘 그린 배치도를 이어 그려볼까 한다. '이건 나쁘다.' '이것이 문제다.' 면밀한 지적과 비판은 중요하다. 그러나 '우리 이런

---

*   ildaro.com/8388

걸 해볼까.' '이 길로 가볼까.' 더 나은 제안도 필요하다. 무엇보다 연수 자신이 계속 움직이고 실천하려면 두 가지가 모두 필요하다.

종합돌봄의료센터는 가칭이다. 내일은 이보다 좀 더 정감 있고 멋들어진 이름이 떠오를지도 모르겠다. 내일도 누가 또 종합돌봄의료센터가 뭐냐고 물을 것이고 연수는 또 답할 것이다.

"저마다 큰 병원 짓는 것부터 떠올리는데 제 계획의 중심에 있는 건 병원이 아닙니다. 지역 공동체 만들기입니다. 센터를 중심으로 지역의 자원과 역량을 한데 모으는 겁니다. 의료에서는 1차 의원부터 공공성을 강화하고 서로 협력하고, 지역의 2차 병원이 울타리가 되어주고 3차 상급병원과 연결을 잘해주면 됩니다. 시민들이 지역 병원을 아끼고 이용해야겠지요.

또 주변의 그늘진 구석, 배제된 주민을 찾아 같이 돌봐야 합니다. 시민사회 조직, 지자체와 공무원, 빠짐없이 협력해야 합니다. 아시다시피 우리는 이미 고령사회에 들어섰어요. 의료와 돌봄의 경계는 불분명하고 앞으로 더욱 그렇게 될 겁니다. 의료만이 아니라 돌봄, 복지, 주거, 요양, 이 모든 게 호흡을 맞춰야 해요.

우리 얼마 전에 코로나19 겪어봤잖아요. 기후위기와 재난은 곧 돌봄의 위기예요. 돌봄이 위태로운 곳에서 가장 많은 희생자가 생겼고 재난과 함께 돌봄이 멈췄잖아요. 전염병 재난에 맞설 의료의 준비가 돌봄과 따로 갈 수는 없잖아요."

그리고 연수는 상대방의 눈을 보며 넌지시 물어볼 것이다. '뭐라도 한번 같이 해보지 않을래요?'

노년의 삶 속으로

여성 돌봄 노동자들

10월 10일은 이들이 다녔던 고등학교의 개교기념일이다. 외우기도 쉬운 날짜려니와 가을이 절정에 이를 무렵이라 정원, 정희, 애란, 현이, 강선, 민서는 이날을 재회의 날로 정했다. 일하면서 먹고사는 데 치여 1년 내내 못 만나더라도 이 날만은 꼭 만나 서로 얼굴 보며 안부 확인하자고 약속한 지 10년이 되어간다. 40대에 접어드니 이른 나이에 예기치 않은 죽음을 맞이한 동년배들이 생기기 시작한 뒤부터다. 그동안 정원과 정희, 현이와 민서가 돌봄노동자가 되었고, 애란과 강선은 진한 돌봄 경험을 했다.

오랜만에 만난 기쁨에 여섯 명의 중년 여자들은 서로서

로 돌아가며 힘껏 크고 진하게 포옹했다. 만날 때마다 열심히 살고 있는 자신들이 대견하고 뿌듯하다. 여섯 사람은 정원이 예약해둔 맛집에 가서 점심을 먹고 마음껏 이야기에 몰두할 수 있는 카페로 이동했다. 드디어 느긋하게 카페에 자리 잡고 앉자 여자들은 자연스럽게 각자의 건강 이야기에서 시작해 자신들이 하고 있는 일로 화제를 이어나갔다.

노년을 돌보는 노동

"이게 사업이거든. 매년 예산을 따서 하는 거야. 보건복지부 관할로 복지관은 위탁 받아서 사업을 하는 거고 우리는 복지관 소속인 셈이지. 1년 단위로 매번 새로 뽑는 단기계약직이라 직업이라기엔 안정성이 없지. 생활지원사 한 명이 담당하는 노인이 열다섯 명에서 열여덟 명이야. 근데 한 분하고 관계가 형성되려면 최소 6개월이고, 보통은 1년에서 2년 걸리거든. 그런데 내가 내년에도 이 노인들을 돌본다는 보장이 없잖아.

그러니 맞춤 돌봄이 어떻게 가능하겠어? 게다가 어르신이 몸 상태가 나빠져서 노인장기요양 쪽으로 빠지면 그분을 대체할 노인을 우리가 발굴해야 해. 위탁사업이니까 숫자가 중요한 거야. 기초연금에다 독거면 일단 조건이 되니까 생활지원사들이 주변에서 알음알음 찾는 거지."

자신이 딱하다는 건지 노인들이 안타깝다는 건지 모를 애매한 어조로 정원이 말한다. 4년째 생활지원사로 일하고 있는 정원은 오늘 모인 사람 중에서 성격도 가장 밝고 느긋하며 주변 사람 챙기는데도 품이 넉넉한 친구다. 결혼하고 맞벌이를 생각했었지만 양육이 너무 힘들어, 부부가 일단은 한 사람은 양육, 한 사람은 돈벌이에 몰입하자고 계획을 변경했다.

"당신이 그래 주면 나는 고맙지. 나도 열심히 돈 벌게."
남편의 말이었다. 초등학교 6학년, 중학교 2학년이 된 아이들이 더 이상 엄마의 집중적인 돌봄이 필요 없게 되자 남편쪽에서 이제 일을 시작하면 어떠냐고 권유인지 압박인지 모를 은근한 시그널이 왔다. 다섯 시간 일하고 집에 오면 아이들도 학교에서 돌아온다. 아이들로선 엄마의 돌보는 손길에 변화가 없는 데다가 먹고 싶은 외식이나 간식을 호탕하게 쏘는 엄마의 재력 덕을 보니 꿩 먹고 알 먹고인 셈이다.

"어떤 복지관에서는, 일도 너무 힘들고 시스템 자체에 문제가 있다고 생활지원사들이 단합해서 한 목소리로 건의했더니 '나 이 사업 안 해', 이렇게 나왔다는 거야. 위탁 신청할 때마다 점수 신경 써야 하고, 무엇보다 대상 노인 찾아내는 게 힘들다는 거지. 결국 생활지원사들 다 실직했지. 생활지원사들이 모이는 카페 같은 데서도 비슷한 말을 해. 1년 단위로 진행되는 사업이기 때문에 건의해서 환경이나 조건을 바꾸는 건 어렵다고."

정희가 정원의 말을 이어받아 1년 단위 위탁 사업의 문제점을 한 번 더 강조했다. 정희는 정원보다 2년 먼저 생활지원사 일을 시작했다. 그는 서울에 있는 대학으로 딸이 유학 가면서 독신 중년의 자유를 누리고 있다. 약간의 돈을 벌면서도 느긋하게 자기 시간을 쓸 수 있는 일을 찾다가 생활지원사가 되었다. 급여라야 최저시급 수준이지만, 정희는 이 일에 그럭저럭 만족한다.

월요일부터 금요일까지, 하루에 다섯 시간. 담당 노인에게 일주일에 두 번 전화하고 한 번 방문해 잘 지내시는지 챙기는 게 일반 생활지원사의 일이다. 신체적으로 더 많은 관심이 필요한 중점돌봄군은 방문 횟수가 2회로 늘어난다. 머리로든 몸으로든 빡빡하게 준비하거나 뛰어야 하는 일은 아니어서 다행이라고 말하면서도 정희는 혀를 찬다.

"근데 이게 완전 감정노동에 심리상담이라니까. 정신과 의사 못지않아. 그런데 시간당 최저임금이라니, 너무 부당한 거지. 혼자 사는 노인들 안전을 책임지라는 건데, 아니 그걸 어떻게 우리가 다 책임지냐고. 우리가 받는 교육 내용 보면 아예 노인들의 노후 전체를 우리한테 떠넘기는 꼴이라니까. 인권이나 성평등, 노인 학대 예방까진 필요하다고 쳐. 근데 화재 예방 교육까지 받는다니까. 위급 상황일 때는 개입도 해야 하는데, 경계가 너무 애매한 거야. 우리한테 너무 많은 걸 요구하는 거 아냐?

어르신들 사시는 데 가서 여기저기 들여다보고, 하시는 말씀도 듣다 보면 솔직히 마음이 흔들려. 아, 이것도 저것도 내가 좀 어떻게 해보면 어르신 상황이 나아질 것 같긴 한데…. 근데 가족도 아닌 내가 도대체 어디까지 개입해야 하는지 잘 모르겠어. 물론 면사무소에 같이 가고 서류 작성해서 복지 신청하고, 할 수 있는 건 다 하지.

더 문제는 내가 이것저것 도우면 도울수록 자식들이 부모한테 더 무관심해진다는 거야. 자기 부모들과 거리가 더 멀어진다니까. 고맙단 말은 늘 해. 그렇지만 '이런 문제가 있으니 해결하시라' 연락하면 자꾸 나한테 되묻는 거야. 은근히 내가 해줬으면 하는 거지. 결국 내가 하게 돼. 이런 일이 반복되니까 계속 이러면 안 되겠다, 거리를 둬야겠다, 건조하게 일해야겠다, 스스로 경각심을 갖게 되는 거야. 선을 넘다 보면 정말 끌려 들어가는 수렁 같은 게 있다니까.

그리고 여긴 대도시가 아니잖아. 현재 마련된 돌봄 서비스는 죄다 대도시 기준이야. 여기 시골에는 농번기도 있고,

노인들 생활도 계절에 따라 다른데, 그런 건 전혀 고려 대상이 아닌 거야. 우린 이분들 방문하려면 다 차로 이동해야 해. 집으로도 가고 밭으로도 간다니까. 도시에선 같은 아파트 단지 내에서 이동할 수 있게 대상자를 배치해준다며? 그게 아니라고 해도 지하철로 이동하니까 편하겠지.”

웬만해서는 냉정을 잃지 않는 정희의 목소리가 조금 떨렸다. 이 말은 꼭 해야겠다는 듯이 중간중간 말을 멈추고 숨을 고른다. 판을 벌여주면 ‘생활지원사 제도의 모순과 개선안’으로 강의라도 할 판이다.

“나는 할머니들 일하시는 밭으로 찾아가는 게 참 좋아. 첨엔 밭에 가서 할머니가 뭘 뽑고 계시길래 ‘제가 도와드릴까요?’ 말하면서 기운 차게 뽑았는데, 엉뚱한 걸 뽑은 거야. 양파를 뽑아야 하는데 마늘을 뽑았더라고. 그리고 그냥 땅인 줄 알고 막 밟고 다녔는데 뭔가가 심겨 있는 밭이고. 도시에서 살다 온 여자 티를 팍팍 낸 거지. 근데도 할머니가 화도 안 내시고, 그냥 담부턴 암것두 하지 말라고 웃으며 말씀하시는 거야. 그담부턴 할머니가 뽑으신 거 옆에서 정리하면서 그냥 할머니가 하시는 말씀을 들어. 가끔 질문도 하면서. 말벗이 되어드리는 거지.

어떤 때는 할머니들 말이 속이 꽉 차 있다는 느낌을 받

아. 작두콩을 심으셨는데 그 넝쿨이 엄청난 거야. 가느다란 넝쿨이 허공에서 하늘거리면서 앞, 뒤, 옆으로 감길 수 있는 게 뭐 없는지 막 찾아, 애타게 찾아. 찾아내면 온 힘을 다해 감겨. 내가 감탄하며 쳐다보니까 '손을 내밀면 잡아줘야지, 어쩌겠노' 이러시는 거야. 넝쿨손이라는 말을 들어보긴 했지만, 좀 뭉클하더라. 나도 모르게 할머니 손을 쳐다보고, 또 내 손을 쳐다봤어.

돌이켜보면 이 일을 하면서 할머니들한테 사랑을 참 많이 받았어. 나만 보면 예쁘다 예쁘다 하시는데, 이게 그냥 하시는 소리가 아닌 거야. 왜 우리도 초등학생이나 중학생 보면 예쁘잖아, 사랑스럽고. 이 할머니들한테는 내가 그런 거야. 어른으로 살면서 이런 사랑은 받아볼 기회가 없잖아. 남편이나 애들한테서 받는 애정이랑은 확실히 달라. 그리고 내가 애를 둘 키우다 보니 아이들 세계는 좀 감이 잡혔는데, 노인들의 세계는 진짜 몰랐거든. 시어머니하고도 친밀한 관계는 아니었고. 그런데 생활지원사로 일하면서 노인들의 세계를 이해하게 되는 것 같아. 나도 늙으면 이렇게 살겠구나…, 짐작도 되고. 세대 간 관계랄까, 이어짐이랄까 이런 게 뭔지 알 것 같고. 할머니들을 만나면서, 사람이 다른 사람을 이해 관계 없이 사랑한다는 게 이런 거구나, 좀 깨달았어. 나도 힐링이고, 또 할머니들에겐 내가 힐링이고, 그런 것 같아."

정희가 문제점들을 지적하자 정은은 왠지 노인들에게 미안하다는 듯, 자기가 받은 사랑 이야기를 들려주었다. 그러자 정희도 다시 말을 받았다.

"노인네들이 경계심이 많잖아. 건강이든 관계든 시간이 지날수록 얻는 것보다 잃는 게 많으니, 그나마 가진 거라도 뺏기지 않으려고 그러시는 거지. 지금 70대, 80대 되신 분들이 워낙들 없이 사셨잖아. 그래도 경계심이 풀어지면 말랑말랑한 속마음이 나오기도 해.

나도 한 분하고 좀 특별한 경험을 했어. 그분은 평소에 말도 별로 없고 좀 냉정하셨어. 음, 뭐랄까…, 교양인이셨지. 내가 전화하거나 방문하는 것도 별로 좋아하지 않으시는 것 같고. 2년이 다 되어가는데도 표정이 안 바뀌시더라고. 그런데 이분이 대장암에 걸리셔서 항암치료를 받으셨거든. 자식들이 돈도 있고 또 엄마한테 잘해. 딸 하나 아들 하나인데 번갈아 가면서 싫은 내색 없이 노모를 모시고 병원에 가곤 했어. 1차 항암치료가 꽤 효과가 있었고, 어르신도 자식들도 한시름 놓았지. 근데 두 달 전에 또 재발한 거야. 2차 항암치료를 받게 된 거지.

내가 찾아갔더니 어르신 표정이 더 굳어지셨더라고. 내가 걱정하니까, 이제 더 이상 치료받지 않겠다, 이대로 죽겠다, 이러시는 거야. 자식들에게 너무 짐이 된다는 거지. 그래서 내가 할머니를 안아드리면서 그랬어.

'어르신, 병원에 모시고 다닐 어머니가 계신 게 얼마나 좋은 일인데요. 저는 친정어머니가 안 계셔서 늘 마음 한구석이 휑해요. 친정어머니가 이렇게 살아계시니 전 어르신 따님이 부러워요.'

내가 하는 말을 들으시곤 '선생님, 정말 그렇게 생각해?' 이러시는 거야. 그분이 마침내 속내를 털어놓으신 것도 고마운데, 글쎄 내 손을 잡으며 선생님이라고 부르신 거잖아. 나도 모르게 눈시울이 뜨거워졌어. 암이라는 진단 받으시고 나서 늘 방문할 때마다 나는 그분을 안아드렸거든. 내 마음이 시키는 대로 안아드리면서도, 이분이 이걸 좋아하실지 어떠실지 몰라서 조심스러웠는데, 아, 그래도 좋으셨던 거구나, 확 느낌이 오니까 어찌나 반갑고 좋던지.

자식들은 효녀 효자라도 따뜻이 안아드린다거나, 사랑한다고 수시로 말한다거나 하는 일이 별로 없어. 전화해도 잘 지내세요? 아픈 데는 어떠세요? 식사는 하셨어요? 몇 마디 묻고는 바로 끊어버리는데 우리는 전화하면 시시콜콜 묻고 또 집에 찾아가면 30분이고 한 시간이고 철퍼덕 옆에 앉아서 얘기도 나누고, 냉장고 문도 열어보고, 냉골은 아닌가 방바닥도 만져보고, 편찮으시면 죽이라도 끓여서 가고.

멀리 있는 자식들은 노부모 이가 다 빠져도 몰라. 전화해
서 알려드리면, 자기 엄마 바꿔달라고 해서 돈 부쳐드릴 테
니 틀니 하러 가시라, 치과 가시라, 말만 해. 와서 모시고 가
야 하는데. 노인들 돈 있어도 무서워서 못 쓰시잖아."

　정희와 정은이 서로 나누는 생활지원사 경험을 들으며
애란은 마음 한 귀퉁이, 굳어지고 무뎌진 부위가 찌르르 감
전되는 느낌을 받았다. 힘들다고 푸념하면서도 따스한 사랑
이 흐르는 이야기였다. 이미 또래보다 훨씬 더 많이 더 자주
아프고 불편한 몸으로 사는 애란은 정희와 정은의 말 하나하
나가 모두 내일이나 모레쯤 본인이 맞이하게 될 현실을 가리
키는 것만 같았다.
　2년 전 애란은 한 달간 감염병동에 입원해 있으면서, 옆
침대 노인이 받던 가혹한 돌봄의 목격자가 되어야 했다. 이
경험은 지금까지 사라지지 않고 애란의 가슴 속에 어둡고 축
축한 그늘을 만들어왔다. 의식과 무의식의 경계에서 전적으
로 간병인의 손길에 내맡겨진 노인 환자는 밤마다 흥건하게
묽은 변을 쏟아냈고, 간병인은 억지로 몸을 일으켜 환자의
옷을 갈아입히고 침대 시트를 갈아야 했다. 커튼을 뚫고 들
어오는 지독한 냄새, 들릴락 말락 낮게 이빨 사이로 밀려 나
오는 간병인의 화난 목소리, 노인 환자의 몸을 다루는 거친

손길, 이 모든 것이 지금도 너무나 생생하다.

터질 듯 미움으로 가득 찼던 간병인의 목소리는 24시간 중환자를 돌보면서 쪽잠에 피곤으로 늘 부어 있던 그의 얼굴과 겹치면서 여러 갈래 생각과 질문을 낳았다. 남 일이 아니었다. 그 노인 환자도 간병인도 남일 수 없었다.

그런데 지금 정희와 정은은 사랑을 말하고 있다. 증오에 가까운 미움과 사랑의 차이는 누가 만드는 걸까, 아니 질문을 바꿔야겠지. 이 차이는 왜 발생하는 걸까.

아이를 돌보는 노동

"나는 이 일을 하기 전까지는 내가 아이들과 이렇게 잘 통하는 사람인 줄 몰랐어. 아이들과 이야기하는 게 일단 너무 재밌고, 또 아이들이 무슨 말을 하는지 금방 알아들어. 만으로 세 살부터 다섯 살까지 있는데 이 또래 애들이 아직 아기 발음을 하거든. 게다가 코로나 때 마스크까지 끼고 있으면 정말 알아듣기 쉽지 않아. 근데 나는 쏙쏙 알아듣는 거야. 아, 내가 애들이 하려는 말이 뭔지 남들보다 빨리 알아차리는구나! 기분도 좋고 스스로 자랑스러운 거야. 어린아이에게 안테나를 잘 맞추는 감수성을 갖고 있다니, 이 감수성을 더 키우고 싶단 생각으로 가슴이 꽉 차올랐지. 사명감 같은 거였어.

애들은 쩨쩨하지 않더라고. 어른보다 통이 커. 용서도 잘하고 사랑도 많이 줘. 날마다 그림도 그려주고 사랑한다고 말해주고, 연애편지 같은 것도 수시로 줘, 수시로. 내가 아들 둘을 키웠잖아. 근데 걔들이 어렸을 때는 나도 어렸던 걸까, 아니면 그동안 어린이 관련 시민 운동하면서 좀 성숙해진 걸까. 아무튼 이 일로 아이들을 만나면서 나는 비로소 내가 어떤 사람인지 알게 된 것 같아."

애란이 그때 그 병실의 장면으로 잠깐 되돌아간 사이 수줍음 많은 현이가 자기 일에 대해 말하기 시작했다. 현이는 돌봄전담사로 유치원에서 오전에 한 시간, 오후에 두 시간 일한다. 맞벌이하는 부모가 일찍 보내고 늦게 데려가는 아이들을 돌보는 일이다. 현이는 동기 중에서 가장 편안하게 결혼 생활을 해서 공주로 불리곤 했다. 대기업 사원이던 그의 남편은 꽤 넉넉하게 생활비를 주었고 일하고 싶은 마음은 추호도 없던 그는 이 역할 분담에 만족했다. 그러던 남편이 별다른 설명 없이 회사를 그만두고 3년간 아무 일도 하지 않았다.

그때 비로소 그는 남편이 회사 생활을 얼마나 힘들어했는지 알게 되었다. 50대 초반이 된 이들 부부는 이제부터 적게 벌고 소박하게 살기로 합의하고 각자 벌어 올 몫을 정했다. 어린이집에서 돌봄전담사로 일하는 현이는 백만 원이라는 자기 몫을 다 채우진 못하지만 생애 처음 하는 일이 자기가 어떤 사람인지를 알게 해주었으니 행운이라고 기뻐했다.

현이의 말이 채 끝나기도 전에 정희가 중요한 뭔가를 고백하듯 웃음과 진지함이 적당히 섞인 얼굴로 말했다.

"나는 애들하고 있으면 무섭던데. 인정사정 보지 않고 잔인하게 말하잖아. '왜 이렇게 뚱뚱해요?'"

정희의 말에 현이가 가볍게 박수를 치며 답했다.

"맞아. '남자예요, 여자예요?' 날마다 이런 거 물어. 난 그럼 목소리를 가라앉히고 '비~밀'이라고 말해. 놀이처럼 애들 질문을 즐겨. 정규 수업을 끝내고 온 애들하고 두 시간 있으려면 사실 모든 걸 놀이처럼 하는 게 필요하거든.

애들이 오후에 이 돌봄반에 올 때는 갑갑증이 턱까지 차 있는 상태야. 폭발 직전이라니까. 몸도 맘대로 못 움직이면서 규칙 지켜가며 프로그램 하고 온 거잖아? 그러니까 여기 와서는 소리 지르면서 막 뛰어다니고, 또 자꾸 복도나 바깥으로 나가고 싶어 해. 현관 쪽에는 어항도 있고 햄스터도 있으니, 그것도 보고 싶어 하고. 애들은 몸이 쑤시는 거지. 대여섯 살 애들은 그 문을 어떻게 해서든 열고 나가기도 해. 나는 애들 마음을 정말 다 알겠어. 그래서 잠시 잠시 모르는 척 내버려둬. 거기 있다고 꼭 안전하지 않은 것도 아니잖아.

그럴 때 지나가던 원장이나 관리인이나 담당교사가 보면 막 뭐라 하는 거지. '누구야? 왜 나와 있는 거야? 얼른 들어가!' 그럼 나는 너무 속이 상하는 거야. 이런 날은 여러 감정이 뒤섞여서 집에 와도 마음이 안 좋아. 명칭은 돌봄전담사인데 특별한 돌봄은 전혀 요구하지 않고 애들이 복도나 현관 밖으로 나가는 걸 막기만 하라는 거야. 두 시간 동안이나 말이지. 고정 교실도 마련해주지 않고. 나도 나름 준비하는 게 있는데 그 자료도 쌓이고, 아이들과 하루하루 관계도 쌓이고 그게 사진으로든 그림으로든 기록으로 남기도 할 거잖아. 아이들과 같이 읽고 싶은 책이든 뭐든 보기 좋게 꾸미고 싶을 거잖아.

여기가 돌봄 교실이잖아. 그러면 서로 마음 쓰고 돌보는 우리의 관계가 보존되고, 우리 교실이라고 느낄 수 있는 장소이고 시간이어야 하는 거 아니야? 그때그때 빈 교실에서 하루에 세 시간 아침저녁으로 이렇게 머물다 가니까 아이들도 나도 안정이 안 돼. 나는 시급 9천 원 비정규직에 투명인간이야. 매번 임시로 어디 배치되었다 돌아오는 기분, 정말 우울해. 그러니 잘하려는 마음 자체가 비웃음의 대상일 뿐인 거지."

장애인과 함께하는 노동

"돌봄 일자리가 다 그런 식 아니야? 어떤 돌봄을 어떻게 제공할지는 너희들이 알아서 해라, 어디든 이런 식인 것 같아. 그걸 다 무마하고 어떻게든 되게 만드는 게 우리지."

강선이 특유의 거침없는 말투로 말했다.

"어떤 일인지 설명도 없이 그냥 어디로 몇 시까지 와라 이랬다니까 내 경우에는. 나는 부각 만드는 식품회사에 생산직으로 고용되는 줄 알고 간 거야. 하루에 네 시간 근무하면 90만 원 정도 준다길래 앗싸~ 하며 간 거지. 근데 가보니까 장애인을 보조하고 지원하는 일이더라고. 장애인협회랑 회사가 매칭되어서 장애인 월급은 회사가 지원금을 받아서 주고 장애인을 지원하는 비장애인 월급은 장애인협회가 주는 식이야.

문제는 장애인들을 일과 무관하게 그냥 배치한다는 거야. 그러면 여기 와서라도 일을 배울 수 있게 해줘야 하잖아. 매칭된 비장애인과도 적응할 시간을 줘야 하고. 그런데 일을 잘 못한다고 걸핏하면 해고야. 해고할 때는 파트너인 내게도 알려야 하는 거 아니야? 오늘 이 사람과 일했는데 내일 가보면 다른 사람으로 바뀌어 있어.

원래는 취업 능력을 키우는 훈련부터 해야 하는 건데 그런 거 생략하고 취업부터 시키면 뒷감당이라도 해야지. 해고하면 그만이라고 생각하니 너무 기만적이고 무책임한 거지. 게다가 해고할 때는 꼭 주말이나 명절 같은 공휴일 전날에. 월요일이나 명절 후에 하면 그 며칠에 해당하는 급료를 더 줘야 하니까. 너무 비열한 꼼수 아니냐? 그 행태를 보고는 정말 참을 수가 없더라고. 그 사람한테는 우리나 장애인이나 다 그냥 공짜였던 것뿐이야. 우리 월급은 장애인협회가 지급하니까 공짜, 장애인 월급은 지원금을 받으니까 공짜.

그리고 장애인 한 명당 해내야 하는 일의 양이 있을 거잖아. 그걸 못 해내면 우리가 다 메꿔야 해. 안 그러면 왜 장애인이 할 수 있게 옆에서 챙기거나 훈련하지 않았냐고 잔소리야. 우리가 전문가도 아니고, 또 장애도 종류나 정도에 따라 얼마나 다른데!

사실 나는 돌봄은 딱 질색인 사람이야. 처음부터 장애인을 돕거나 지원하는 일인 걸 알았으면 절대로 가지 않았을 거야. 그래도 일단 간 거니까 잘해보려고 했지. 장애인 청년들과 일하는 건 재밌고 좋았어. 사회적으로 기여한다는 뿌듯한 마음도 있었고.

그 업주가 문제였던 거지. 내가 아무런 사전 교육 없이 취업한 거잖아. 그래서 몇 시간 교육을 이수해야 한대. 6개월 이상 재계약하려면 3일 교육을 추가로 더 받으래. 근데 교육 장소가 내가 살고 일하는 이곳엔 없어. 서울이나 다른 대도

시에 가야 해. 그래서 그만뒀어. 장애인 지원하며 일하는 게 싫어서가 아니라, 그 사업주의 기만적인 행태를 참고 싶지 않아서 그만둔 거야."

강선이 짧았던 장애인 일자리 지원활동 경험을 털어놓 자 '아니, 어떤 일자리인지 자세한 설명도 듣지 못하고 갔단 말이야?' '도대체 그 일자리는 어떻게 알았는데?' '네가 그렇 게 나와버리면 바로 매칭할 비장애인을 회사는 그럼 어디서 다시 찾니?' 친구들이 어이없다고 한마디씩 보탰다. 강선이 는 툭 나무토막 던지듯이 짧게 말했다. "나는 거리에서 우연 히 알게 된 거고, 회사는 뭐 직업소개소 같은 데 가서 또 설명 없이 아무나 낚겠지."

"근데, 돌봄이라면 질색이란 건 무슨 뜻이야?"

말들 사이사이로 질문 던지길 잘하는 정희가 이번에도 역시 놓치지 않고 강선에게 물었다. 사실 다들 이 대목이 궁 금했던 터라 모두 강선을 향해 고개를 돌렸다. 강선이 잠시 망설이다가 시선을 자기 코끝에 고정하고 천천히 말하기 시 작했다.

"엄마가 되게 오래 아프다 돌아가셨어. 나는 초등학생 때 부터 일했지, 동네 반지하 옷 만드는 데서 미싱 시다로. 노인 돌봄, 뭐 누구 돌봄 딱 질색이야. 엄마 죽이고 싶었거든, 진짜. 여동생도 나랑 같은 마음이었나 봐. 〈신과 함께〉 영화 보면 아들이 엄마 죽이려고 베개 들고 서 있는 장면 있잖아? 미칠 것 같았어. 눈물이 끝도 없이 흘러서 영화를 계속 볼 수가 없었어. 동생도 그 영화 보고 몇 시간을 울었대. 그런데 엄마는 당연히 못 죽이지. 그러니까 나를 죽이고 싶더라고.

한번은 진짜 죽으려고 했어. 남동생이 고등학교 졸업하고 드디어 취직했어. 돈을 버는 거야. 살았다, 이젠 살겠구나, 너무 기뻤어. 날아갈 것 같았어. 얼마가 되었든 같이 번다는 거, 짐을 나눈다는 거, 그거면 충분했어. 그때까지 내 온몸을 짓누르던 바위가 굴러떨어지는 것 같았어. 근데 걔가 군에 입대한다는 거야. 아, 나는 살라는 목숨이 아니구나…. 그런데 결국 못 죽었어. 언니는 가출했다 돌아왔다 다시 가출하길 반복했고, 소변줄 끼고 사는 엄마 때문에 집 안에는 지린내가 진동했고, 동생들은 늘 나보다 어렸고. 그게 지금의 남편 만나서 결혼하기 전까지 내 삶이었으니까. 어쩌다 친인척이 오면 '좀 치우고 살아라' 그러고, 천주교 소속 자선단체에서 방문하면 '사시면 얼마나 사시겠어요'라고 말해. 나는 그 소리가 정말 싫었어. 지금도 진저리가 나. 돌봄? 말만 들어도 부르르 떨려."

"그랬구나, 우리는 네가 늘 단단하고 즐거워 보여서 그런 고생을 했을 거라곤 상상도 못 했어. 정말 힘들었겠네." 괜히 물었나 싶은 표정으로 정희가 조그맣게 말했다. 강선의 이야기를 듣고 무슨 말을 해야 할지 모르겠는 중년의 여자들이 이제 비로소 생각났다는 듯이 서로 얼굴을 쳐다보며 너도 고생 많았지, 이제까지 참 잘 살아왔어, 말없이 마음으로 상대방을 도닥였다.

노동을 넘는 노동

"나도 요양보호사로 일하는 거 나쁘지 않아. 노인들 집을 방문해서 돌볼 때는 일대일로 맺는 관계의 밀도가 높아서 좋았고, 지금처럼 요양원에서 일할 때는 여러 어르신을 다양하게 만날 수 있으니 좋고. 물론 내가 지금 일하는 곳이 구립 요양원이라서 민간보다야 돌봄 환경이 훨씬 좋아서 그런 것도 있겠지."

요양보호사 3년 차 민서의 말이었다. 민서는 지역 신문사의 편집부에서 오래 일하다 글쓰기 강사를 할 정도로 책 읽고 글 쓰는 걸 잘하던 사람이다. 『일하며 제 성장의 키를 찾는 여성들』이라는 제목으로 에세이집도 출간했다. 30-40대 일하는 여성들이 꽤 많이 공감해주어서 뿌듯했다고 말했었다. 그런데 어느 날 갑자기 요양보호사가 되었다.

"이젠 그 이유 좀 들어보자. 도대체 어떻게 된 거야? 왜 그렇게 갑자기 요양보호사가 된 건데?"

민서가 이야기를 시작하자마자 모두 몸을 앞으로 내밀며 한목소리로 궁금해했다.

"응, 너희들한테는 말 안 했지만, 아버지 돌아가시고 마음고생이 심했어. 집중적으로 심리치료도 받을 정도였지. 독립해서 따로 살았어도 비혼이고 외동딸인 나는 아버지랑 꽤 친하게 지냈거든. 나이 많은 어른과 우정을 나누는 사이였달까. 정말 힘든 시간을 보내고 있었는데 우연히 아버지를 돌봐주셨던 요양보호사분을 만났어. 본인은 워낙에도 남 돌보는 게 좋아서 이 직업을 선택했는데 아버지를 돌본 시간이 참 의미 있고 좋았다고 하시더라고. 아침에 아버지 집에 가면 '굿모닝! 커피 한잔 하시겠어요?' 하면서 라디오 음악을 틀고 믹스커피를 타주시곤 했대. 인지장애도 있는 분이. 아무튼 세세히 다 말할 순 없지만 간간이 나눈 대화도 그렇고, 늘 감사합니다, 고맙습니다, 표현하시던 것도 그렇고, 지금도 가끔 아버지 생각을 하신대.

나는 글을 읽고 쓰고 말하던 사람이잖아. 그렇잖아도 평생 활자로만 인생을 배우고 사는 거 아닌가, 회의가 들던 참이었어. 상담선생님도 몸을 적극적으로 움직이라고 조언하셨고. 내 아버지를 씻기고 먹이며 마지막을 함께 하신 분이 그 일이 좋았다고 하니 뭉클했고. 겸사겸사 나도 사람 돌보는 일을 한번 해보자 한 거야."

민서는 정말 열심히, 모든 능력과 자원을 다 쏟아부으면서 독거 노인을 돌봤단다. 지금 무너져도 이상하지 않은 낡은 방 한 칸짜리 집에 고립되어 있던 한 70대 후반 노인을 떠올리며 민서는 사람들이 그를 이미 죽음의 구덩이에 밀어넣은 것 같았다고 말했다.

"나는 면사무소에도 가고 이장님도 만났어. 모서리가 다 떨어져 덜렁거리는 문도, 화장실도 웬만하게 고쳤고. 동네 경로당에도 갔어. 면에 있는 사진관에도 갔고. 이 노인이 어떻게 사시는지 그들에게 자세히 설명했어. 그러니까 이불 빨래도 공짜로 해주고, 구형 선풍기나 전기장판 같은 것도 어디서 구해다주더라고. 면사무소나 이장 선에서 그 정도는 다 된다는 걸 알게 됐지. 독거 노인을 위해 정기적으로 이불 빨래 해주는 복지서비스도 있더라고. 사진 촬영도 해주고. '나는 죽어도 벽에 걸 영정 사진 하나 없어.' 팔십을 바라보는 노인이 한 말이 걸렸거든. 구체적인 얼굴과 사연은 사람을 움직인다는 걸 확인하던 시간이었지.

내가 그분을 돌본 지 1년쯤 되었을 때 깨끗이 빨아 다린 셔츠를 입으시고 나랑 외출을 하셨지. 5일장이 서는 장터에 가서 이것저것 살펴보고 수제 만두도 술떡도 사드셨어. 다시 동네 사람이 되신 거지. 나도 일상이 견딜 만해졌고. 이후에 요양원으로 일자리를 옮겼어."

우리의 노년, 우리의 돌봄

감동하며 듣고 다들 놀라고 있는데, 민서는 그건 그렇고 하는 표정으로 다시 요양원으로 화제를 돌렸다.

"요양원에서 일하면서 사람들이 왜 여길 고려장이라면서 무서워하고 싫어할까, 곰곰이 생각하곤 해. 집에서 살다 죽는 게 소원이라고 말들 하지만 안전하게 끝까지 살 수 있는 거주 공간이나 돌봐줄 사람이 있는 게 아니라면 오히려 좌절만 더 심해질 뿐이잖아.

노인 네 명 중 한 명은 살던 곳을 떠나 요양원으로 가는 게 현실이라는데 차라리 이 현실을 직시하고 요양원 환경을 바꾸도록 촉구든 저항이든 운동하는 게 낫지 않겠어?

자식들한테 부담을 줄 수는 없다고 말하면서, 또 은근히 속으로는 자식들이 설마 나를 요양원으로 보내기야 하랴 하는 심정인 거지. 이중으로 현실을 부정하는 거야. 그러니까 국가도 최종 돌봄 책임은 가족에게 있다고 발뺌하잖아. 아예 가족 없이 혼자 늙다 죽는 걸 기본값으로 설정하고 국가도 시민사회도, 그리고 개인도 생애 돌봄 상상력을 넓히는 게 해결책 아닐까.

여기에도 성심성의껏 돌보려는 동료들이 꽤 많아. 여전히 60대가 많아서 체력이 달리고 노동 조건도 너무 안 좋은 게 문제지만 그것까지 포함해서 개혁하면 되지! 노동 환경도 개선하고, 젊은이들도 섞이게 하고, 스마트 기계 기술도 더 많이 활용하고. 그리고 생애 말년의 의미와 죽음, 임종 등에 대한 교육도 더 받게 하고, 보호자 교육도 좀 더 내실 있게 하고 말이야. 아, 1인실이 안 되면 2인실 정도라도 방 배치를 해서 어느 정도는 사생활을 지킬 수 있게 해주고.

혼자 사는 내 생각은 그래. 노인들 숫자는 늘고 그만큼 돌봄 필요도 커지는데, 언제까지 이렇게 경계 긋기에만 신경 써야 하냐고. 아까 정희와 정은이 한 얘기도 그런 거잖아. 생활지원사가 충분히 잘 돌볼수록 자식들이 점점 더 부모에게서 멀어지니까 금을 잘 그어야 한다고.

그런데 아예 자식들이 마음 놓고 편안히 멀어질 수 있게 생활지원사나 요양보호사가 확실히 돌보도록 하면 안 되나? 책으로 세상을 만나다 이제 노년들을 만나는 나한테는 어떤 형태로든 평생 분투하며 살아내고 이제 타인에게 자기 존재를 맡기는 노인은 여러 영역의 책을 합친 것과 비슷해. 이분들을 통해 세상과 타인과 삶을 조금씩 다르게, 새롭게 만나게 돼. 너희들 보기엔 내가 너무 감상적이고 비현실적이니?

내 동료 중에 이 요양보호사 일을 정말 사랑한다는 사람이 있어. 13년째 이 일을 하는데 이 직업을 선택한 건 최고로 잘한 일 중 하나래. 그래서 내가 물었지. 당신 같이 만족도 높은 행복한 요양보호사는 어떻게 만날 수 있느냐, 혼자 사는 나는 나중에 당신 같은 돌봄자가 필요하다. 그랬더니 좋은 요양보호사를 만나는 건 운이래. 그러니 적당히 괜찮은 요양보호사여도 '고맙습니다' 하면서 잘 지내보라는 거야. 나도 그게 정답인 거 같아서 서로 마주 보며 하하하 웃었지."

민서는 긴 이야기 끝에, 그 이야기의 마지막 말처럼 친구들을 보며 하하하 웃었다. 오늘 모인 동기들 중에 혼자 사는 사람은 민서와 애란뿐이다.

"혼자 사는 여자와 가족이 있는 여자는 생의 말년을 상상하는 게 같지 않은 것 같아. 아, 어떤 자원을 얼마큼 가지고 있느냐에 따라 달라지는 건 당연하고. 나도 나중에 몸 가누는 게 어렵다 싶으면 집에서 방문요양 받다가 그것도 어렵게 되면 요양원으로 갈 거야. 내 형편에 한 달에 최소 3백만 원은 내야 하는 실버타운에는 못 갈 거고. 우리가 늙어서 돌봄이 필요할 때가 되면 집에서건 요양원에서건 요양보호사들 아니면 존엄은커녕 그럭저럭 굴러가는 노후도 어려울 거야. 후배들더러 나 만나러 자주 오라고 해야지. 계절이 바뀔 때마다 풍경 사진도 찍어 오라고 하고."

애란이 말하자 정희가 맞장구를 쳤다.

"병이 생기면 앓는 거고 재활이 필요하면 요양병원에 입원하는 거고 전면 돌봄이 필요하면 요양원에 가는 거지. 중요한 건 어디에서 죽느냐가 아니라 가까운 사람들과 편안한 관계 속에 있다가 좋은 추억을 나누고 죽는 거 아니야? 이건 안 돼, 그런 건 없어. 엄마 돌아가실 때를 돌이켜봐도 그렇고 지금 어르신들을 봐도 그렇고, 무조건 '나는 여긴 안 갈 거야, 저긴 안 갈 거야'는 답이 아닌 것 같아. 재밌게 같이 잘 지내던 사람들과 계속 그 관계 유지하는 게 답이지. 마지막에 너무 많이 드는 병원비에 대해서는 나라가 좀 신경 써야지.

누가 어떤 돌봄의 곤경에 처하게 되는지 서로 잘 알아차리자. 우리 지금 모두 잘하고 있잖아. 각자 자기 자리에서 성심성의껏 돌보고 있잖아. 우리가 사회를 조금씩 바꾸고 있는 거야. 이게 우리의 노후 준비인 거지. 우리도 누군가의 돌봄을 받으며 늙어갈 텐데… 그때, 나 좀 잘 돌봐달라고, 나라는 사람이 살아온 내력도 취향도 들어가면서 사이 좋게 지내보자고, 두려움 없이 기댈 수 있는 사회를 만드는 거 말이야. 그거 지금 우리가 하고 있는 거야."

정원과 정희, 애란과 현이 그리고 강선과 민서. 중년의 이 여자들은 늙어갈 힘과 용기가 분명 조금 더 커졌다고 느꼈다.

"이렇게 같이 늙어가는 거, 참 기분 좋고 든든하네!"
서로 마주 보며 이렇게 진심을 건넸다.
반갑고 설레었던 모임의 오후가 저물고 있었다.

감사의 글

이 책을 쓰기까지 인터뷰, 세미나, 현장 방문, 돌봄 만담
회,『돌봄과 인권』북토크 등에서 많은 분을 만났습니다. 눈
물과 분노, 상실과 그리움, 회한과 다짐 그리고 마땅한 언어
를 찾기 어려운 복잡한 감정들이 교차했고, 고통과 기쁨, 둘
중 어느 쪽으로 치우칠 수 없는 돌봄의 복잡다단한 면을 만
났습니다. 또 책임의 규모와 성격에 차이가 분명하지만, 개
인, 가족, 시민사회, 지역사회, 지자체, 국가, 지구적 세계, 어
느 하나만을 지목하여 전가할 수 없는 연결된 책임성을 느꼈
습니다.
　　여러 분의 얘기를 듣는 매 순간 저희는 벅차오름을 느꼈

습니다. 세상이 비뚤어지고 험하다 해도 이런 '돌봄의 관계'들이 존재하기에 아직 살 만하고 희망이 있다는 증거를 봤기 때문입니다. '서로 돌봄'의 세상을 위해 우리가 더 긴밀히 연결될 수 있도록 이 부족한 책이 접착제가 됐으면 합니다.

여러분이 기꺼이 돌봄의 경험을 나눠주신 것은 개인적인 소회의 기록에 그치는 것이 아니라 우리 사회 구성원의 공통 경험이자 공통 감각으로 더 나은 돌봄 체계를 만들어가고자 하는 뜻이리라 여깁니다.

여러 인물을 포개어 캐릭터를 만들고 새로운 스토리텔링을 하면서 생긴 오류나 부족함이 있다면 그것은 전적으로 글쓴이들의 잘못입니다. 여러분의 돌봄을 벽돌 삼아 우리가 더 튼튼하고 서로 의지할 만한 돌봄의 방벽을 세워갔으면 합니다. 감사합니다.

인터뷰에 참여해주신 분들

권경주, 김민정, 김영미, 김영희, 김용실, 김은배, 김재석, 김현경, 김현우, 나샬 사라, 루브나 바사르, 류형진, 박성희, 박종민, 박희란, 서수연, 안소정, 엘사리프 암나, 오동석, 유내영, 윤정남, 윤정은, 이미라, 이소중, 이원필, 이진희, 이혜린, 최정현, 하워드 웨이츠킨, 익명을 희망한 세 분.

초청 세미나에 참여해주신 분들

강점숙, 김대영, 백재중, 이원필, 임재우, 정은정, 조경희, 최명진.

일본 오사카 돌봄 현장 방문에 도움 주신 분들

고베이주자지원센터(KFC), 사회복지법인 하트풀, 아마가사키 한신의료생협, 지자체 히가시오사카시, 데이케어센터 사랑방, 코리아NGO센터, 김현태, 김영환, 이상희.

돌봄 만담회에 도움 주신 분들

남해, 당진, 울산, 순천, 서울(어린이책시민연대 각 지부), 고흥(전국교직원노동조합 고흥 지부, 인권교육연구소 너머), 광주(공익변호사와 함께하는 동행).

『돌봄과 인권』 북토크에 도움 주신 분들

원주, 제주, 대구, 대전, 부산, 광주 국가인권위원회 지역사무소 및 시민사회단체 관계자, 김창훈, 나준석, 박유경, 박형근, 엄기호, 이경수, 이소아, 임준, 조희숙.

돌봄의 상상력

관계와 사회의 새로운 힘을 모색하는 사람들

1판 1쇄 발행 2024년 12월 10일

지은이	김영옥 · 류은숙
기획	국가인권위원회
편집	이정규
디자인	이지선

발행처	코난북스
발행인	이정규
전화	070-7620-0369
팩스	0505-330-1020
이메일	conanpress@gmail.com
홈페이지	conanbooks.com

© 김영옥 · 류은숙, 2024
ISBN 979-11-88605-30-9 03300
정가 17,000원